WILHELM HAUFF

Die schönsten Märchen

KRONE

WILHELM HAUFF

Die schönsten Märchen

Herausgegeben von Peter Löschner
Illustriert von Olga Zubkovskaja

Produziert exklusiv für den
Krone Verlag
Am Hallenbad 7, 44534 Lünen

Druck: Rondo Druck GmbH, 73061 Ebersbach

rondo
drucken & veredeln

Printed in Germany

Satz und grafische Umsetzung: Fotosatz Sauter GmbH,
73072 Donzdorf

ISBN 3-937485-58-9

Inhalt

Die Geschichte vom Kalif Storch

Der Kalif Chasid zu Bagdad saß einmal an einem schönen Nachmittag behaglich auf seinem Sofa. Er hatte ein wenig geschlafen, denn es war ein heißer Tag, und er sah nun nach seinem Schläfchen recht heiter aus. Er rauchte aus einer langen Pfeife von Rosenholz, trank hie und da ein wenig Kaffee, den ihm ein Sklave einschenkte, und strich sich allemal vergnügt den Bart, wenn es ihm geschmeckt hatte. Kurz, man sah dem Kalifen an, dass es ihm recht wohl war. Um diese Stunde konnte man gar gut mit ihm reden, weil er da immer recht mild und leutselig war, deswegen besuchte ihn auch sein Großwesir Mansor alle Tage um diese Zeit. An diesem Nachmittag nun kam er auch, sah aber sehr nachdenklich aus, ganz gegen seine Gewohnheit. Der Kalif tat die Pfeife ein wenig aus dem Mund und sprach: „Warum machst du ein so nachdenkliches Gesicht, Großwesir?“

Der Großwesir schlug seine Arme kreuzweis über die Brust, verneigte sich vor seinem Herrn und antwortete: „Herr, ob ich ein nachdenkliches Gesicht mache, weiß ich nicht; aber da drunten am Schloss steht ein Krämer, der hat so schöne Sachen, dass es mich ärgert, nicht viel überflüssiges Geld zu haben."

Der Kalif, der seinem Großwesir schon lange eine Freude gemacht hätte, schickte seinen schwarzen Sklaven hinunter, um den Krämer heraufzuholen. Bald kam der Sklave mit dem Krämer zurück. Dieser war ein kleiner, dicker Mann, schwarzbraun im Gesicht und in zerlumptem Anzug. Er trug einen Kasten, in welchem er allerhand Waren hatte, Perlen und Ringe, reichbeschlagene Pistolen, Becher und Kämme. Der Kalif und sein Wesir musterten alles durch, und der Kalif kaufte endlich für sich und Mansor schöne Pistolen, für die Frau des Wesirs aber einen Kamm. Als der Krämer seinen Kasten schon wieder zumachen wollte, sah der Kalif eine kleine Schublade und fragte, ob da auch noch Waren seien. Der Krämer zog die Schublade heraus und zeigte darin eine Dose mit schwärzlichem Pulver und ein Papier mit sonderbarer Schrift, die weder der Kalif noch Mansor lesen konnte.

„Ich bekam einmal diese zwei Stücke von einem Kaufmanne, der sie in Mekka auf der Straße fand", sagte der Krämer. „Ich weiß nicht, was sie enthalten. Euch stehen sie um geringen Preis zu Dienst, ich kann doch nichts damit anfangen."

Der Kalif, der in seiner Bibliothek gerne alte Manuskripte hatte, wenn er sie auch nicht lesen konnte, kaufte Schrift und Dose und entließ den Krämer. Der Kalif aber dachte, er möchte gerne wissen, was die Schrift enthalte, und fragte den Wesir, ob er keinen kenne, der es entziffern könnte. „Gnädigster Herr und Gebieter", antwortete dieser, „an der großen Moschee wohnt ein Mann, er heißt Selim der Gelehrte,

der versteht alle Sprachen, lass ihn kommen, vielleicht kennt er diese geheimnisvollen Züge."

Der Gelehrte Selim war bald herbeigeholt. „Selim" sprach zu ihm der Kalif, „Selim, man sagt, du seiest sehr gelehrt. Guck einmal ein wenig in diese Schrift, ob du sie lesen kannst. Kannst du sie lesen, so bekommst du ein neues Festkleid von mir, kannst du es nicht, so bekommst du zwölf Backenstreiche und fünfundzwanzig auf die Fußsohlen, weil man dich dann umsonst Selim den Gelehrten nennt."

Selim verneigte sich und sprach: „Dein Wille geschehe, o Herr!" Lange betrachtete er die Schrift, plötzlich aber rief er aus: „Das ist lateinisch, o Herr, oder ich laß mich hängen."

„Sag, was drinsteht", befahl der Kalif, „wenn es lateinisch ist."

Selim fing an zu übersetzen: „Mensch, der du dieses findest, preise Allah für seine Gnade! Wer von dem Pulver in dieser Dose schnupft und dazu spricht: Mutabor, der kann sich in jedes Tier verwandeln und versteht auch die Sprache der Tiere. Will er wieder in seine menschliche Gestalt zurückkehren, so neige er sich dreimal gen Osten und spreche jenes Wort. Aber hüte dich, wenn du verwandelt bist, dass du nicht lachest, sonst verschwindet das Zauberwort gänzlich aus deinem Gedächtnis, und du bleibst ein Tier."

Als Selim der Gelehrte also gelesen hatte, war der Kalif über die Maßen vergnügt. Er ließ den Gelehrten schwören, niemand etwas von dem Geheimnis zu sagen, schenkte ihm ein schönes Kleid und entließ ihn. Zu seinem Großwesir aber sagte er: „Das heiß ich gut einkaufen, Mansor! Wie freue ich mich, bis ich ein Tier bin. Morgen früh kommst du zu mir. Wir gehen dann miteinander aufs Feld, schnupfen etwas Weniges aus meiner Dose und belauschen dann, was in der Luft und im Wasser, im Wald und Feld gesprochen wird!"

II

Kaum hatte am andern Morgen der Kalif Chasid gefrühstückt und sich angekleidet, als schon der Großwesir erschien, ihn, wie er befohlen, auf dem Spaziergang zu begleiten. Der Kalif steckte die Dose mit dem Zauberpulver in den Gürtel, und nachdem er seinem Gefolge befohlen, zurückzubleiben, machte er sich mit dem Großwesir ganz allein auf den Weg. Sie gingen zuerst durch die weiten Gärten des Kalifen, spähten aber vergebens nach etwas Lebendigem, um ihr Kunststück zu probieren. Der Wesir schlug endlich vor, weiter hinaus an einen Teich zu gehen, wo er schon oft viele Tiere, namentlich Störche, gesehen habe, die durch ihr gravitätisches Wesen und ihr Geklapper immer seine Aufmerksamkeit erregt haben.

Der Kalif billigte den Vorschlag seines Wesirs und ging mit ihm dem Teich zu. Als sie dort angekommen waren, sahen sie einen Storch ernsthaft auf und ab gehen, Frösche suchend und hie und da etwas vor sich hinklappernd. Zugleich sahen sie auch weit oben in der Luft einen andern Storch dieser Gegend zuschweben.

„Ich wette meinen Bart, gnädigster Herr“, sagte der Großwesir, „wenn nicht diese zwei Langfüßler ein schönes Gespräch miteinander führen werden. Wie wäre es, wenn wir Störche würden?“

„Wohl gesprochen!“ antwortete der Kalif. „Aber vorher wollen wir noch einmal betrachten, wie man wieder Mensch wird. – Richtig! Dreimal gen Osten geneigt und Mutabor gesagt, so bin ich wieder Kalif und du Wesir. Aber nur ums Himmels willen nicht gelacht, sonst sind wir verloren!“

Während der Kalif also sprach, sah er den andern Storch über ihrem Haupte schweben und langsam sich zur Erde lassen. Schnell zog er die Dose aus dem Gürtel, nahm eine gute Prise, bot sie dem Großwesir dar, der gleichfalls schnupfte, und beide riefen: „Mutabor!“

Da schrumpften ihre Beine ein und wurden dünn und rot, die schönen gelben Pantoffeln des Kalifen und seines Begleiters wurden unförmliche Storchfüße, die Arme wurden zu Flügeln, der Hals fuhr aus den Achseln und ward eine Elle lang, der Bart war verschwunden, und den Körper bedeckten weiche Federn.

„Ihr habt einen hübschen Schnabel, Herr Großwesir“, sprach nach langem Erstaunen der Kalif. „Beim Bart des Propheten, so etwas habe ich in meinem Leben nicht gesehen.“

„Danke untertänigst“, erwiderte der Großwesir, indem er sich bückte, „aber wenn ich es wagen darf, möchte ich behaupten, Eure Hoheit sehen als Storch beinahe noch hübscher aus denn als Kalif. Aber kommt, wenn es Euch gefällig ist, dass wir unsere Kameraden dort belauschen und erfahren, ob wir wirklich Storchisch können.“

Indem war der andere Storch auf der Erde angekommen. Er putzte sich mit dem Schnabel seine Füße, legte seine Federn zurecht und ging auf den ersten Storch zu. Die beiden neuen Störche aber beeilten sich, in ihre Nähe zu kommen, und vernahmen zu ihrem Erstaunen folgendes Gespräch:

„Guten Morgen, Frau Langbein, so früh schon auf der Wiese?“

„Schönen Dank, lieber Klapperschnabel! Ich habe mir nur ein kleines Frühstück geholt. Ist Euch vielleicht ein Viertelchen Eidechs gefällig oder ein Froschschenkelein?“

„Danke gehorsamst, habe heute gar keinen Appetit. Ich komme auch wegen etwas ganz anderem auf die Wiese. Ich soll heute vor den Gästen meines Vaters tanzen, und da will ich mich im Stillen ein wenig üben.“

Zugleich schritt die junge Störchin in wunderlichen Bewegungen durch das Feld. Der Kalif und Mansor sahen ihr verwundert nach. Als sie aber in malerischer Stellung auf einem Fuß stand und mit den Flügeln anmutig dazu wedelte, dann konnten sich die beiden nicht mehr halten. Ein unaufhaltsames Gelächter brach aus ihren Schnäbeln hervor, von dem sie sich erst nach langer Zeit erholten. Der Kalif fasste sich zuerst wieder. „Das war einmal ein Spaß“, rief er, „der nicht mit Gold zu bezahlen ist. Schade, dass die dummen Tiere durch unser Gelächter sich haben verscheuchen lassen, sonst hätten sie gewiss auch noch gesungen!“

Aber jetzt fiel es dem Großwesir ein, dass das Lachen während der Verwandlung verboten war. Er teilte seine Angst deswegen dem Kalifen mit. „Potz Mekka und Medina! Das wäre ein schlechter Spaß, wenn ich ein Storch bleiben müsste! Besinne dich doch auf das dumme Wort! Ich bring es nicht heraus.“

„Dreimal gen Osten müssen wir uns bücken und dazu sprechen: Mu – Mu – Mu –“

Sie stellten sich gen Osten und bückten sich in einem fort, dass ihre Schnäbel beinahe die Erde berührten. Aber, o Jammer! Das Zauberwort war ihnen entfallen, und so oft sich auch der Kalif bückte, so sehnlich auch sein Wesir Mu – Mu dazu rief, jede Erinnerung daran war verschwunden, und der arme Chasid und sein Wesir waren und blieben Störche.

III

Traurig wandelten die Verzauberten durch die Felder, sie wussten gar nicht, was sie in ihrem Elend anfangen sollten. Aus ihrer Storchenhaut konnten sie nicht heraus, in die Stadt zurück konnten sie auch nicht, um sich zu erkennen zu geben, denn wer hätte einem Storch geglaubt, dass er der Kalif sei, und wenn man es auch geglaubt hätte, würden die Einwohner von Bagdad einen Storch zum Kalifen gewollt haben?

So schlichen sie mehrere Tage umher und ernährten sich kümmerlich von Feldfrüchten, die sie aber wegen ihrer langen Schnäbel nicht gut verspeisen konnten. Zu Eidechsen und Fröschen hatten sie übrigens keinen Appetit, denn sie befürchteten, mit solchen Leckerbissen sich den Magen zu verderben. Ihr einziges Vergnügen in dieser traurigen Lage war, dass sie fliegen konnten, und so flogen sie oft auf die Dächer von Bagdad, um zu sehen, was darin vorging.

In den ersten Tagen bemerkten sie große Unruhe und Trauer in den Straßen. Aber ungefähr am vierten Tag nach ihrer Verzauberung saßen sie auf dem Palast des Kalifen. Da sahen sie unten in der Straße einen prächtigen Aufzug. Trommeln und Pfeifen ertönten, ein Mann in einem goldgestickten Scharlachmantel saß auf einem geschmückten Pferd, umgeben von glänzenden Dienern, halb Bagdad sprang ihm nach, und alle schrien: „Heil Mizra, dem Herrscher von Bagdad!“ Da sahen die beiden Störche auf dem Dache des Palastes einander an, und der Kalif Chasid sprach: „Ahnst du jetzt, warum ich verzaubert bin, Großwesir? Dieser Mizra ist der Sohn meines Todfeindes, des mächtigen Zauberers Kaschnur, der mir in einer bösen Stunde Rache schwur. Aber noch gebe ich die Hoffnung nicht auf. Komm mit mir, du treuer Gefährte meines Elends, wir wollen zum Grabe des Propheten wandern, vielleicht, dass an heiliger Stätte der Zauber gelöst wird.“ Sie erhoben sich vom Dach des Palastes und flogen der Gegend von Medina zu.

Mit dem Fliegen wollte es aber gar nicht gut gehen, denn die beiden Störche hatten noch wenig Übung. „O Herr“, ächzte nach ein paar Stunden der Großwesir, „ich halte es mit Eurer Erlaubnis nicht mehr lange aus. Ihr fliegt gar zu schnell! Auch ist es schon Abend, und wir täten wohl, ein Unterkommen für die Nacht zu suchen.“

Chasid gab der Bitte seines Dieners Gehör, und da er unten im Tale eine Ruine erblickte, die ein Obdach zu gewähren schien, so flogen sie dahin. Der Ort, wo sie sich für diese Nacht niedergelassen hatten, schien ehemals ein Schloss gewesen zu sein. Schöne Säulen ragten aus den Trümmern hervor, mehrere Gemächer, die noch ziemlich erhalten waren, zeugten von der ehemaligen Pracht des Hauses. Chasid und sein Begleiter gingen durch die Gänge umher, um sich ein trockenes Plätzchen zu suchen. Plötzlich blieb der Storch Mansor stehen. „Herr und Gebieter“, flüsterte er leise, „wenn es nur nicht töricht für einen Großwesir, noch mehr aber für einen Storch wäre, sich vor Gespenstern zu fürchten! Mir ist ganz unheimlich zumut, denn hier neben hat es ganz vernehmlich geseufzt und gestöhnt.“ Der Kalif blieb nun auch stehen und hörte ganz deutlich ein leises Weinen, das eher einem Menschen als einem Tiere anzugehören schien. Voll Erwartung wollte er der Gegend zugehen, woher die Klagetöne kamen. Der Wesir aber packte ihn mit dem Schnabel am Flügel und bat flehentlich, sich nicht in neue, unbekannte Gefahren zu stürzen. Doch vergebens! Der Kalif, dem auch unter dem Storchenflügel ein tapferes Herz schlug, riss sich mit Verlust einiger Federn los und eilte in einen finstern Gang. Bald war er an einer Tür angelangt, die nur angelehnt schien und woraus er deutliche Seufzer mit ein wenig Geheul vernahm. Er stieß mit dem Schnabel die Türe auf, blieb aber überrascht auf der Schwelle stehen. In dem verfallenen Gemach, das nur durch ein kleines Gitterfenster spärlich erleuchtet war, sah er eine große Nachteule am Boden sitzen. Dicke Tränen rollten ihr aus den großen, runden Augen, und mit heiserer Stimme stieß sie ihre Klagen zu dem krummen Schnabel heraus. Als sie aber den Kalifen und seinen Wesir, der indes auch herbeigeschlichen war, erblickte, erhob sie ein lautes Freudengeschrei. Zierlich wischte sie mit dem braungefleckten Flügel die Tränen aus dem Auge,

und zu dem größten Erstaunen der beiden rief sie in gutem menschlichem Arabisch: „Willkommen, ihr Störche! Ihr seid mir ein gutes Zeichen meiner Errettung, denn durch Störche werde mir ein großes Glück kommen, ist mir einst prophezeit worden!“

Als sich der Kalif von seinem Erstaunen erholt hatte, bückte er sich mit seinem langen Hals, brachte seine dünnen Füße in eine zierliche Stellung und sprach: „Nachteule! Deinen Worten nach darf ich glauben, eine Leidensgefährtin in dir zu sehen. Aber ach! Deine Hoffnung, dass durch uns deine Rettung kommen werde, ist vergeblich. Du wirst unsere Hilflosigkeit selbst erkennen, wenn du unsere Geschichte hörst.“

Die Nachteule bat ihn, zu erzählen. Der Kalif aber hub an und erzählte, was wir bereits wissen.

IV

Als der Kalif der Eule seine Geschichte vorgetragen hatte, dankte sie ihm und sagte: „Vernimm auch meine Geschichte und höre, wie ich nicht weniger unglücklich bin als du. Mein Vater ist der König von Indien, ich, seine einzige unglückliche Tochter, heiße Lusa. Jener Zauberer Kaschnur, der euch verzauberte, hat auch mich ins Unglück gestürzt. Er kam eines Tages zu meinem Vater und begehrte mich zur Frau für seinen Sohn Mizra. Mein Vater aber, der ein hitziger Mann ist, ließ ihn die Treppe hinunterwerfen. Der Elende wusste sich unter einer anderen Gestalt wieder in meine Nähe zu schleichen, und als ich einst in meinem Garten Erfrischungen zu mir nehmen wollte, brachte er mir, als Sklave verkleidet, einen Trank bei, der mich in diese abscheuliche Gestalt verwandelte. Vor Schrecken ohnmächtig, brachte er mich hierher und rief mir mit schrecklicher Stimme in die Ohren:

‚Da sollst du bleiben, hässlich, selbst von den Tieren verachtet, bis an dein Ende oder bis einer aus freiem Willen dich, selbst in dieser schrecklichen Gestalt, zur Gattin begehrt. So räche ich mich an dir und deinem stolzen Vater.‘

Seitdem sind viele Monate verflossen. Einsam und traurig lebe ich als Einsiedlerin in diesem Gemäuer, verabscheut von der Welt, selbst den Tieren ein Gräuel. Die schöne Natur ist vor mir verschlossen, denn ich bin blind am Tage, und nur, wenn der Mond sein bleiches Licht über dies Gemäuer ausgießt, fällt der verhüllende Schleier vor meinem Auge.“ Die Eule hatte geendet und wischte sich mit dem Flügel wieder die Augen aus, denn die Erzählung ihrer Leiden hatte ihr Tränen entlockt.

Der Kalif war bei der Erzählung der Prinzessin in tiefes Nachdenken versunken. „Wenn mich nicht alles täuscht“, sprach er, „so findet zwischen unserem Unglück ein geheimer Zusammenhang statt; aber wo finde ich den Schlüssel zu diesem Rätsel?“

Die Eule antwortete ihm: „O Herr! Auch mir ahnet dies, denn es ist mir einst in meiner frühesten Jugend von einer weisen Frau prophezeit worden, dass ein Storch mir ein großes Glück bringen werde, und ich wüsste vielleicht, wie wir uns retten könnten.“ Der Kalif war sehr erstaunt und fragte, auf welchem Wege sie meine. „Der Zauberer, der uns beide unglücklich gemacht hat“, sagte sie, „kommt alle Monate einmal in diese Ruinen. Nicht weit von diesem Gemach ist ein Saal. Dort pflegt er dann mit vielen Genossen zu schmausen. Schon oft habe ich sie dort belauscht. Sie erzählen dann einander ihre schändlichen Werke; vielleicht, dass er dann das Zauberwort, das ihr vergessen habt, ausspricht.“

„Oh, teuerste Prinzessin“, rief der Kalif, „sag an, wann kommt er, und wo ist der Saal?“

Die Eule schwieg einen Augenblick und sprach dann: „Nehmet es nicht ungütig, aber nur unter einer Bedingung kann ich Euern Wunsch erfüllen.“

„Sprich aus! Sprich aus!“ schrie Chasid. „Befiehl, es ist mir jede recht.“

„Nämlich, ich möchte auch gern zugleich frei sein. Dies kann aber nur geschehen, wenn einer von euch mir seine Hand reicht.“

Die Störche schienen über den Antrag etwas betroffen zu sein, und der Kalif winkte seinem Diener, ein wenig mit ihm hinauszugehen.

„Großwesir“, sprach vor der Türe der Kalif, „das ist ein dummer Handel, aber Ihr könntet sie schon nehmen.“

„So?“ antwortete dieser, „dass mir meine Frau, wenn ich nach Haus komme, die Augen auskratzt? Auch bin ich ein alter Mann und Ihr seid noch jung und unverheiratet und könnet eher einer jungen, schönen Prinzessin die Hand geben.“

„Das ist es eben“, seufzte der Kalif, indem er traurig die Flügel hängen ließ, „wer sagt dir denn, dass sie jung und schön ist? Das heißt eine Katze im Sack kaufen!“

Sie redeten einander gegenseitig noch lange zu. Endlich aber, als der Kalif sah, dass sein Wesir lieber Storch bleiben als die Eule heiraten wollte, entschloss er sich, die Bedingung lieber selbst zu erfüllen. Die Eule war hocherfreut. Sie gestand ihnen, dass sie zu keiner bessern Zeit hätten kommen können, weil wahrscheinlich in dieser Nacht die Zauberer sich versammeln würden.

Sie verließ mit den Störchen das Gemach, um sie in jenen Saal zu führen. Sie gingen lange in einem finstern Gang hin, endlich strahlte ihnen aus einer halb verfallenen Mauer ein heller Schein entgegen. Als sie dort angelangt waren, riet ihnen die Eule, sich ganz ruhig zu verhalten. Sie konnten von der Lücke, an welcher sie standen, einen

großen Saal übersehen. Er war ringsum mit Säulen geschmückt und prachtvoll verziert. Viele farbige Lampen ersetzten das Licht des Tages. In der Mitte des Saales stand ein runder Tisch, mit vielen und ausgesuchten Speisen besetzt. Rings um den Tisch zog sich ein Sofa, auf welchem acht Männer saßen. In einem dieser Männer erkannten die Störche jenen Krämer wieder, der ihnen das Zauberpulver verkauft hatte. Sein Nebensitzer forderte ihn auf, ihnen seine neuesten Taten zu erzählen. Er erzählte unter anderen auch die Geschichte des Kalifen und seines Wesirs.

„Was für ein Wort hast du ihnen denn aufgegeben?" fragte ihn ein anderer Zauberer.

„Ein recht Schweres Lateinisches, es heißt Mutabor."

Als die Störche an ihrer Mauerlücke dieses hörten, kamen sie vor Freuden beinahe außer sich. Sie liefen auf ihren langen Füßen so schnell dem Tore der Ruine zu, dass die Eule kaum folgen konnte. Dort sprach der Kalif gerührt zu der Eule: „Retterin meines Lebens und des Lebens meines Freundes, nimm zum ewigen Dank für das, was du an uns getan, mich zum Gemahl an!"

Dann aber wandte er sich nach Osten. Dreimal bückten die Störche ihre langen Hälse der Sonne entgegen, die soeben hinter dem Gebirge heraufstieg. „Mutabor!" riefen sie. Im Nu waren sie verwandelt, und in der hohen Freude des neugeschenkten Lebens lagen Herr und Diener lachend und weinend einander in den Armen.

Wer beschreibt aber ihr Erstaunen, als sie sich umsahen? Eine schöne Dame, herrlich geschmückt, stand vor ihnen. Lächelnd gab sie dem Kalifen die Hand. „Erkennt Ihr Eure Nachteule nicht mehr?" sagte sie. Sie war es. Der Kalif war von ihrer Schönheit und Anmut so entzückt, dass er ausrief, es sei sein größtes Glück, dass er Storch geworden sei.

Die Drei zogen nun miteinander auf Bagdad zu. Der Kalif fand in seinen Kleidern nicht nur die Dose mit Zauberpulver, sondern auch seinen Geldbeutel. Er kaufte daher im nächsten Dorfe, was zu ihrer Reise nötig war und so kamen sie bald an die Tore von Bagdad. Dort aber erregte die Ankunft des Kalifen großes Erstaunen. Man hatte ihn für tot ausgegeben, und das Volk war daher hocherfreut, seinen geliebten Herrscher wiederzuhaben. Um so mehr aber entbrannte ihr Hass gegen den Betrüger Mizra. Sie zogen in den Palast und nahmen den alten Zauberer und seinen Sohn gefangen. Den Alten schickte der Kalif in dasselbe Gemach der Ruine, das die Prinzessin als Eule bewohnt hatte, und ließ ihn dort aufhängen. Dem Sohn aber, welcher nichts von den Künsten des Vaters verstand, ließ der Kalif die Wahl, ob er sterben oder schnupfen wolle. Als er das Letztere wählte, bot ihm der Großwesir die Dose. Eine tüchtige Prise, und das Zauberwort des Kalifen verwandelte ihn in einen Storch. Der Kalif ließ ihn in einen eisernen Käfig sperren und in seinem Garten aufstellen.

Lange und vergnügt lebte Kalif Chasid mit seiner Frau, der Prinzessin. Seine vergnügtesten Stunden waren immer die, wenn ihn der Großwesir nachmittags besuchte. Da sprachen sie dann oft von ihrem Storchabenteuer und wenn der Kalif recht heiter war, ließ er sich herab, den Großwesir nachzuahmen, wie er als Storch aussah. Er stieg dann ernsthaft mit steifen Füßen im Zimmer auf und ab, klapperte, wedelte mit den Armen wie mit Flügeln und zeigte, wie jener sich vergeblich nach Osten geneigt und Mu – Mu – dazu gerufen habe. Für die Frau Kalifin und ihre Kinder war diese Vorstellung allemal eine große Freude. Wenn aber der Kalif gar zu lange klapperte und nickte und Mu – Mu – schrie, dann drohte ihm lächelnd der Wesir, er wolle das, was vor der Türe der Prinzessin Nachteule verhandelt worden sei, der Frau Kalifin mitteilen.

Die Geschichte von dem kleinen Muck

In Nicea, meiner lieben Vaterstadt, wohnte ein Mann, den man den kleinen Muck hieß. Ich kann mir ihn, ob ich gleich damals noch sehr jung war, noch recht wohl denken, besonders weil ich einmal von meinem Vater wegen seiner halb tot geprügelt wurde. Der kleine Muck nämlich war schon ein alter Geselle, als ich ihn kannte; doch war er nur drei bis vier Schuh hoch. Dabei hatte er eine sonderbare Gestalt, denn sein Leib, so klein und zierlich er war, musste einen Kopf tragen, viel größer und dicker als der Kopf anderer Leute. Er wohnte ganz allein in einem großen Haus und kochte sich sogar selbst. Auch hätte man in der Stadt nicht gewusst, ob er lebe oder gestor-

ben sei, denn er ging nur alle vier Wochen einmal aus, wenn nicht um die Mittagsstunde ein mächtiger Dampf aus dem Hause aufgestiegen wäre. Doch sah man ihn oft abends auf seinem Dache auf und ab gehen, von der Straße aus glaubte man aber, nur sein großer Kopf allein laufe auf dem Dache umher.

Ich und meine Kameraden waren böse Buben, die jedermann gerne neckten und belachten, daher war es uns allemal ein Festtag, wenn der kleine Muck ausging. Wir versammelten uns an dem bestimmten Tage vor seinem Haus und warteten, bis er herauskam. Wenn dann die Türe aufging und zuerst der große Kopf mit dem noch größeren Turban herausguckte, wenn das übrige Körperlein nachfolgte, angetan mit einem abgeschabten Mäntelein, weiten Beinkleidern und einem breiten Gürtel, an welchem ein langer Dolch hing, so lang, dass man nicht wusste, ob Muck an dem Dolch oder der Dolch an Muck stak, wenn er so heraustrat, da ertönte die Luft von unserem Freudengeschrei, wir warfen unsere Mützen in die Höhe und tanzten' wie toll um ihn her. Der kleine Muck aber grüßte uns mit ernsthaftem Kopfnicken und ging mit langsamen Schritten die Straße hinab. Dabei schlurfte er mit den Füßen, denn er hatte große, weite Pantoffeln an, wie ich sie noch nie gesehen. Wir Knaben liefen hinter ihm her und schrien immer: „Kleiner Muck, kleiner Muck!“ Auch hatten wir ein lustiges Verslein, das wir ihm zu Ehren hie und da sangen, es hieß:

„Kleiner Muck, kleiner Muck,
wohnst in einem großen Haus,
gehst nur all‘ vier Wochen aus,
bist ein braver, kleiner Zwerg,
hast ein Köpflein wie ein Berg.

Schau dich einmal um und guck,
lauf und fang uns, kleiner Muck!“

So hatten wir schon oft unsere Kurzweil getrieben, und zu meiner Schande muss ich es gestehen, ich trieb‘s am ärgsten, denn ich zupfte ihn oft am Mäntelein, und einmal trat ich ihm auch von hinten auf die großen Pantoffeln, dass er hinfiel. Dies kam mir nun höchst lächerlich vor; aber das Lachen verging mir, als ich den kleinen Muck auf meines Vaters Haus zugehen sah. Er ging richtig hinein und blieb einige Zeit dort. Ich versteckte mich an der Haustüre und sah den Muck wieder herauskommen, von meinem Vater begleitet, der ihn ehrerbietig an der Hand hielt und an der Türe unter vielen Bücklingen sich von ihm verabschiedete. Mir war gar nicht wohl zumut. Ich blieb daher lange in meinem Versteck; endlich aber trieb mich der Hunger, den ich ärger fürchtete als Schläge, heraus, und demütig und mit gesenktem Kopf trat ich vor meinen Vater. „Du hast, wie ich höre, den guten Muck geschimpft?“ sprach er in sehr ernstem Tone. „Ich will dir die Geschichte dieses Muck erzählen, und du wirst ihn gewiss nicht mehr auslachen.

Der Vater des kleinen Muck, der eigentlich Mukrah heißt, war ein angesehener, aber armer Mann hier in Nicea. Er lebte beinahe so einsiedlerisch wie jetzt sein Sohn. Diesen konnte er nicht wohl leiden, weil er sich seiner Zwerggestalt schämte, und ließ ihn daher auch in Unwissenheit aufwachsen. Der kleine Muck war noch in seinem sechzehnten Jahr ein lustiges Kind, und der Vater, ein ernster Mann, tadelte ihn immer, dass er, der schon längst die Kinderschuhe zertreten haben sollte, noch so dumm und läppisch sei.

Der Alte tat aber einmal einen bösen Fall, an welchem er auch starb und den kleinen Muck arm und unwissend zurückließ. Die harten Verwandten, denen der Verstorbene mehr schuldig war, als er bezahlen konnte, jagten den armen Kleinen aus dem Hause und rieten ihm, in die Welt hinauszugehen und sein Glück zu suchen. Der kleine Muck antwortete, er sei schon reisefertig, bat sich aber nur noch den Anzug seines Vaters aus, und dieser wurde ihm auch bewilligt. Sein Vater war ein großer, starker Mann gewesen, daher passten die Kleider nicht. Muck aber wusste bald Rat; er schnitt ab, was zu lang war, und zog dann die Kleider an. Er schien aber vergessen zu haben, dass er auch in der Weite davon schneiden müsse, daher sein sonderbarer Aufzug, wie er noch heute zu sehen ist. Der große Turban, der breite Gürtel, die weiten Hosen, das blaue Mäntelein, alles dies sind Erbstücke seines Vaters, die er seitdem getragen. Den langen Damaszenerdolch seines Vaters aber steckte er in den Gürtel, ergriff ein Stöcklein und wanderte zum Tor hinaus.

Fröhlich wanderte er den ganzen Tag, denn er war ja ausgezogen, um sein Glück zu suchen. Wenn er einen Scherben auf der Erde im Sonnenschein glänzen sah, so steckte er ihn gewiss zu sich, im Glauben, dass er sich in den schönsten Diamanten verwandeln werde. Sah er in der Ferne die Kuppel einer Moschee wie Feuer strahlen, sah er einen See wie einen Spiegel blinken, so eilte er voll Freude darauf zu, denn er dachte, in einem Zauberland angekommen zu sein. Aber ach! Jene Trugbilder verschwanden in der Nähe, und nur allzu bald erinnerten ihn seine Müdigkeit und sein vor Hunger knurrender Magen, dass er noch im Lande der Sterblichen sich befinde. So war er zwei Tage gereist unter Hunger und Kummer und verzweifelte, sein Glück zu finden. Die Früchte des Feldes waren seine einzige Nahrung, die harte Erde sein Nachtlager.

Am Morgen des dritten Tages erblickte er von einer Anhöhe eine große Stadt. Hell leuchtete der Halbmond auf ihren Zinnen, bunte

Fahnen schimmerten auf den Dächern und schienen den kleinen Muck zu sich herzuwinken. Überrascht stand er stille und betrachtete Stadt und Gegend. Ja, dort wird KleinMuck sein Glück finden', sprach er zu sich und machte trotz seiner Müdigkeit einen Luftsprung, ‚dort oder nirgends.'

Er raffte alle seine Kräfte zusammen und schritt auf die Stadt zu. Aber sogleich sie ganz nahe schien, konnte er sie doch erst gegen Mittag erreichen, denn seine kleinen Glieder versagten ihm beinahe gänzlich ihren Dienst, und er musste sich oft in den Schatten einer Palme setzen, um auszuruhen.

Endlich war er an dem Tor der Stadt angelangt. Er legte sein Mäntelein zurecht, band den Turban schöner um, zog den Gürtel noch breiter an und steckte den langen Dolch schiefer, dann wischte er den Staub von den Schuhen, ergriff sein Stöcklein und ging mutig zum Tor hinein.

Er war schon einige Straßen durchwandert; aber nirgends öffnete sich ihm die Türe, nirgends rief man, wie er sich vorgestellt hatte: Kleiner Muck, komm herein und iss und trink und lass deine Füßlein ausruhen!

Er schaute gerade auch wieder recht sehnsüchtig an einem großen, schönen Haus hinauf, da öffnete sich ein Fenster, eine alte Frau schaute heraus und rief mit singender Stimme:

‚Herbei, herbei!
Gekocht ist der Brei,
den Tisch ließ ich decken,
drum lasst es euch schmecken!
Ihr Nachbarn, herbei!
Gekocht ist der Brei.'

Die Türe des Hauses öffnete sich, und Muck sah viele Hunde und Katzen hineingehen. Er stand einige Augenblicke in Zweifel, ob er der Einladung folgen solle. Endlich aber fasste er sich ein Herz und ging in das Haus. Vor ihm her gingen ein paar junge Kätzlein, und er beschloss, ihnen zu folgen, weil sie vielleicht die Küche besser wüssten als er.

Als Muck die Treppe hinaufgestiegen war, begegnete er jener alten Frau, die zum Fenster herausgeschaut hatte. Sie sah ihn mürrisch an und fragte nach seinem Begehr.

‚Du hast ja jedermann zu deinem Brei eingeladen', antwortete der kleine Muck, ‚und weil ich so gar hungrig bin, bin ich auch gekommen.'

Die Alte lachte und sprach: ‚Woher kommst du denn, wunderlicher Gesell? Die ganze Stadt weiß, dass ich für niemand koche als für meine lieben Katzen, und hie und da lade ich ihnen Gesellschaft aus der Nachbarschaft ein, wie du siehest.'

Der kleine Muck erzählte der alten Frau, wie es ihm nach seines Vaters Tod so hart ergangen sei, und bat sie, ihn heute mit ihren Katzen speisen zu lassen. Die Frau, welcher die treuherzige Erzählung des Kleinen wohl gefiel, erlaubte ihm, ihr Gast zu sein, und gab ihm reichlich zu essen und zu trinken. Als er gesättigt und gestärkt war, betrachtete ihn die Frau lange und sagte dann: Kleiner Muck, bleibe bei mir in meinem Dienste! Du hast geringe Mühe und sollst gut gehalten sein.'

Der kleine Muck, dem der Katzenbrei geschmeckt hatte, willigte ein und wurde also der Bediente der Frau Ahavzi. Er hatte einen leichten, aber sonderbaren Dienst. Frau Ahavzi hatte nämlich zwei Kater und vier Katzen, diesen musste der kleine Muck alle Morgen den Pelz kämmen und mit köstlichen Salben einreiben. Wenn die Frau

ausging, musste er auf die Katzen Achtung geben. Wenn sie aßen, musste er ihnen die Schüsseln vorlegen, und nachts musste er sie auf seidene Polster legen und sie mit samtenen Decken einhüllen. Auch waren noch einige kleine Hunde im Haus, die er bedienen musste; doch wurden mit diesen nicht so viele Umstände gemacht wie mit den Katzen, welche Frau Ahavzi wie ihre eigenen Kinder hielt. Übrigens führte Muck ein so einsames Leben wie in seines Vaters Haus, denn außer der Frau sah er den ganzen Tag nur Hunde und Katzen.

Eine Zeit lang ging es dem kleinen Muck ganz gut. Er hatte immer zu essen und wenig zu arbeiten, und die alte Frau schien recht zufrieden mit ihm zu sein; aber nach und nach wurden die Katzen unartig. Wenn die Alte ausgegangen war, sprangen sie wie besessen in den Zimmern umher, warfen alles durcheinander und zerbrachen manches schöne Geschirr, das ihnen im Weg stand. Wenn sie aber die Frau die Treppe heraufkommen hörten, verkrochen sie sich auf ihre Polster und wedelten ihr mit den Schwänzen entgegen, wie wenn nichts geschehen wäre. Die Frau Ahavzi geriet dann in Zorn, wenn sie ihre Zimmer so verwüstet sah, und schob alles auf Muck. Er mochte seine Unschuld beteuern, wie er wollte, sie glaubte ihren Katzen, die so unschuldig aussahen, mehr als ihrem Diener.

Der kleine Muck war sehr traurig, dass er also auch hier sein Glück nicht gefunden habe, und beschloss bei sich, den Dienst der Frau Ahavzi zu verlassen. Da er aber auf seiner ersten Reise erfahren hatte, wie schlecht man ohne Geld lebt, so beschloss er, den Lohn, den ihm seine Gebieterin immer versprochen, aber nie gegeben hatte, sich auf irgendeine Art zu verschaffen. Es befand sich in dem Hause der Frau Ahavzi ein Zimmer, das immer verschlossen war und dessen Inneres er nie gesehen hatte. Doch hatte er die Frau oft darin rumoren gehört,

und er hätte oft für sein Leben gern gewusst, was sie dort versteckt habe. Als er nun an sein Reisegeld dachte, fiel ihm ein, dass dort die Schätze der Frau versteckt sein könnten. Aber immer war die Türe fest verschlossen, und er konnte daher den Schätzen nie beikommen.

Eines Morgens, als die Frau Ahavzi ausgegangen war, zupfte ihn eines der Hündlein, welches von der Frau immer sehr stiefmütterlich behandelt wurde, dessen Gunst er sich aber durch allerlei Liebesdienste in hohem Grade erworben hatte, an seinen weiten Beinkleidern und gebärdete sich dabei, wie wenn Muck ihm folgen sollte. Muck, welcher gerne mit den Hunden spielte, folgte ihm, und siehe da, das Hündlein führte ihn in die Schlafkammer der Frau Ahavzi vor eine kleine Türe, die er nie zuvor dort bemerkt hatte. Die Türe war halb offen. Das Hündlein ging hinein, und Muck folgte ihm, und wie freudig war er überrascht, als er sah, dass er sich in dem Gemach befinde, das schon lange das Ziel seiner Wünsche war. Er spähte überall umher, ob er kein Geld finden könnte, fand aber nichts. Nur alte Kleider und wunderlich geformte Geschirre standen umher. Eines dieser Geschirre zog seine besondere Aufmerksamkeit auf sich. Es war von Kristall, und schöne Figuren waren darauf ausgeschnitten. Er hob es auf und drehte es nach allen Seiten. Aber, o Schrecken! Er hatte nicht bemerkt, dass es einen Deckel hatte, der nur leicht darauf hingesetzt war. Der Deckel fiel herab und zerbrach in tausend Stücken.

Lange stand der kleine Muck vor Schrecken leblos. Jetzt war sein Schicksal entschieden, jetzt musste er entfliehen, sonst schlug ihn die Alte tot. Sogleich war auch seine Reise beschlossen, und nur noch einmal wollte er sich umschauen, ob er nichts von den Habseligkeiten der Frau Ahavzi zu seinem Marsch brauchen könnte. Da fielen ihm ein Paar mächtig große Pantoffeln ins Auge. Sie waren zwar nicht schön, aber seine Eigenen konnten keine Reise mehr mitmachen. Auch zo-

gen ihn jene wegen ihrer Größe an, denn hatte er diese am Fuß, so mussten ihm hoffentlich alle Leute ansehen, dass er die Kinderschuhe vertreten habe. Er zog also schnell seine Töffelein aus und fuhr in die Großen hinein. Ein Spazierstöcklein mit einem schön geschnittenen Löwenkopf schien ihm auch hier allzu müßig in der Ecke zu stehen, er nahm es also mit und eilte zum Zimmer hinaus. Schnell ging er jetzt auf seine Kammer, zog sein Mäntelein an, setzte den väterlichen Turban auf, steckte den Dolch in den Gürtel und lief, so schnell ihn seine Füße trugen, zum Haus und zur Stadt hinaus. Vor der Stadt lief er, aus Angst vor der Alten, immer weiter fort, bis er vor Müdigkeit beinahe nicht mehr konnte. So schnell war er in seinem Leben nicht gegangen. Ja, es schien ihm, als könne er gar nicht aufhören zu rennen, denn eine unsichtbare Gewalt schien ihn fortzureißen. Endlich bemerkte er, dass es mit den Pantoffeln eine eigene Bewandtnis haben müsse, denn diese schossen immer fort und führten ihn mit sich. Er versuchte auf allerlei Weise stillzustehen, aber es wollte nicht gelingen. Da rief er in der höchsten Not, wie man den Pferden zuruft, sich selbst zu: ‚Oh – oh, halt, oh!' Da hielten die Pantoffeln, und Muck warf sich erschöpft auf die Erde nieder.

Die Pantoffeln freuten ihn ungemein. So hatte er sich denn doch durch seine Verdienste etwas erworben, das ihm in der Welt auf seinem Weg, das Glück zu suchen, forthelfen konnte. Er schlief trotz seiner Freude vor Erschöpfung ein, denn das Körperlein des kleinen Muck, das einen so schweren Kopf zu tragen hatte, konnte nicht viel aushalten. Im Traum erschien ihm das Hündlein, welches ihm im Hause der Frau Ahavzi zu den Pantoffeln verholfen hatte, und sprach zu ihm: ‚Lieber Muck, du verstehst den Gebrauch der Pantoffeln noch nicht recht. Wisse, dass wenn du dich in ihnen dreimal auf dem Absatz herumdrehst, so kannst du hinfliegen, wohin du nur willst, und mit

dem Stöcklein kannst du Schätze finden, denn wo Gold vergraben ist, da wird es dreimal auf die Erde schlagen, bei Silber zweimal.‘ So träumte der kleine Muck. Als er aber aufwachte, dachte er über den wunderbaren Traum nach und beschloss, alsbald einen Versuch zu machen. Er zog die Pantoffeln an, lupfte einen Fuß und begann sich auf dem Absatz umzudrehen. Wer es aber jemals versucht hat, in einem ungeheuer weiten Pantoffel dieses Kunststück dreimal hintereinander zu machen, der wird sich nicht wundern, wenn es dem kleinen Muck nicht gleich glückte, besonders, wenn man bedenkt, dass ihn sein schwerer Kopf bald auf diese, bald auf jene Seite hinüberzog.

Der arme Kleine fiel einige Mal tüchtig auf die Nase; doch ließ er sich nicht abschrecken, den Versuch zu wiederholen, und endlich glückte es. Wie ein Rad fuhr er auf seinem Absatz herum, wünschte sich in die nächste große Stadt, und – die Pantoffeln ruderten hinauf in die Lüfte, liefen mit Windeseile durch die Wolken, und ehe sich der kleine Muck noch besinnen konnte, wie ihm geschah, befand er sich schon auf einem großen Marktplatz, wo viele Buden aufgeschlagen waren und unzählige Menschen geschäftig hin und her liefen. Er ging unter den Leuten hin und her, hielt es aber für ratsamer, sich in eine einsamere Straße zu begeben, denn auf dem Markt trat ihm da einer auf die Pantoffeln, dass er beinahe umfiel, bald stieß er mit seinem weit hinausstehenden Dolch einen oder den andern an, dass er mit Mühe den Schlägen entging.

Der kleine Muck bedachte nun ernstlich, was er wohl anfangen könnte, um sich ein Stück Geld zu verdienen. Er hatte zwar ein Stäblein, das ihm verborgene Schätze anzeigte, aber wo sollte er gleich einen Platz finden, wo Gold und Silber vergraben wäre? Auch hätte er sich zur Not für Geld sehen lassen können, aber dazu war er doch

zu stolz. Endlich fiel ihm die Schnelligkeit seiner Füße ein. Vielleicht, dachte er, können mir meine Pantoffeln Unterhalt gewähren, und er beschloss, sich als Schnellläufer zu verdingen. Da er aber hoffen durfte, dass der König dieser Stadt solche Dienste am besten bezahlte, so erfragte er den Palast.

Unter dem Tor des Palastes stand eine Wache, die ihn fragte, was er hier zu suchen habe. Auf seine Antwort, dass er einen Dienst suche, wies man ihn zum Aufseher der Sklaven. Diesem trug er sein Anliegen vor und bat ihn, ihm einen Dienst unter den königlichen Boten zu besorgen. Der Aufseher maß ihn mit seinen Augen von Kopf bis zu den Füßen und sprach: ‚Wie, mit deinen Füßlein, die kaum so lang als eine Spanne sind, willst du königlicher Schnellläufer werden? Hebe dich weg! Ich bin nicht dazu da, mit jedem Narren Kurzweil zu machen.' Der kleine Muck versicherte ihm aber, dass es ihm vollkommen ernst sei mit seinem Antrag, und dass er es mit dem Schnellsten auf eine Wette ankommen lassen wollte. Dem Aufseher kam die Sache gar lächerlich vor. Er befahl ihm, sich bis auf den Abend zu einem Wettlauf bereitzuhalten, führte ihn in die Küche und sorgte dafür, dass ihm gehörig Speis und Trank gereicht wurden. Er selbst aber begab sich zum König und erzählte ihm vom kleinen Muck und seinem Anerbieten. Der König war ein lustiger Herr, daher gefiel es ihm wohl, dass der Aufseher der Sklaven den kleinen Menschen zu einem Spaß behalten habe. Er befahl ihm, auf einer großen Wiese hinter dem Schloss Anstalten zu treffen, dass das Wettlaufen mit Bequemlichkeit von seinem ganzen Hofstaat könnte gesehen werden, und empfahl ihm nochmals, große Sorgfalt für den Zwerg zu haben. Der König erzählte seinen Prinzen und Prinzessinnen, was sie diesen Abend für ein Schauspiel haben werden. Diese erzählten es wieder ihren Dienern, und als der Abend herankam, war man in gespannter Erwartung, und alles, was

Füße hatte, strömte hinaus auf die Wiese, wo Gerüste aufgeschlagen waren, um den großsprecherischen Zwerg laufen zu sehen.

Als der König und seine Söhne und Töchter auf dem Gerüst Platz genommen hatten, trat der kleine Muck heraus auf die Wiese und machte vor den hohen Herrschaften eine überaus zierliche Verbeugung. Ein allgemeines Freudengeschrei ertönte, als man des Kleinen ansichtig wurde. Eine solche Figur hatte man dort noch nie gesehen. Das Körperlein mit dem mächtigen Kopf, das Mäntelein und die weiten Beinkleider, der lange Dolch in dem breiten Gürtel, die kleinen Füßlein in den weiten Pantoffeln – nein! Es war zu drollig anzusehen, als dass man nicht hätte laut lachen sollen. Der kleine Muck ließ sich aber durch das Gelächter nicht irremachen. Er stellte sich stolz, auf sein Stöcklein gestützt, hin und erwartete seinen Gegner. Der Aufseher der Sklaven hatte nach Mucks eigenem Wunsche den besten Läufer ausgesucht. Dieser trat nun heraus, stellte sich neben den Kleinen, und beide harrten auf das Zeichen. Da winkte Prinzessin Amarza, wie es ausgemacht war, mit ihrem Schleier, und wie zwei Pfeile, auf dasselbe Ziel abgeschossen, flogen die beiden Wettläufer über die Wiese hin.

Von Anfang hatte Mucks Gegner einen bedeutenden Vorsprung; aber dieser jagte ihm auf seinem Pantoffelfuhrwerk nach, holte ihn ein, überfing ihn und stand längst am Ziele, als jener noch, nach Luft schnappend, daherlief. Verwunderung und Staunen fesselten einige Augenblicke die Zuschauer. Als aber der König zuerst in die Hände klatschte, da jauchzte die Menge, und alle riefen: ‚Hoch lebe der kleine Muck, der Sieger im Wettlauf!‘

Man hatte indes den kleinen Muck herbeigebracht. Er warf sich vor dem König nieder und sprach:‚Großmächtigster König, ich habe dir hier nur eine kleine Probe meiner Kunst gegeben. Wolle nur gestatten, dass man mir eine Stelle unter deinen Läufern gebe!‘

Der König aber antwortete ihm: ‚Nein, du sollst mein Leibläufer und immer um meine Person sein, lieber Muck, jährlich sollst du hundert Goldstücke erhalten als Lohn, und an der Tafel meiner ersten Diener sollst du speisen.‘

So glaubte denn Muck, endlich das Glück gefunden zu haben, das er so lange suchte, und war fröhlich und wohlgemut in seinem Herzen. Auch erfreute er sich der besonderen Gnade des Königs, denn dieser gebrauchte ihn zu seinen schnellsten und geheimsten Sendungen, die er dann mit der größten Genauigkeit und mit unbegreiflicher Schnelle besorgte.

Aber die übrigen Diener des Königs waren ihm gar nicht zugetan, weil sie sich ungern durch einen Zwerg, der nichts verstand als schnell zu laufen, in der Gunst ihres Herrn zurückgesetzt sahen. Sie veranstalteten daher manche Verschwörung gegen ihn, um ihn zu stürzen; aber alle schlugen fehl an dem großen Zutrauen, das der König in seinen geheimen Oberleibläufer (denn zu dieser Würde hatte er es in so kurzer Zeit gebracht) setzte.

Muck, dem diese Bewegungen gegen ihn nicht entgingen, sann nicht auf Rache, dazu hatte er ein zu gutes Herz, nein, auf Mittel dachte er, sich bei seinen Feinden notwendig und beliebt zu machen. Da fiel ihm sein Stäblein ein, das er in seinem Glück außer acht gelassen hatte. Wenn er Schätze finde, dachte er, werden ihm die Herren schon geneigter werden. Er hatte schon oft gehört, dass der Vater des jetzigen Königs viele seiner Schätze vergraben habe, als der Feind sein Land überfallen. Man sagte auch, er sei darüber gestorben, ohne dass er sein Geheimnis habe seinem Sohn mitteilen können. Von nun an nahm Muck immer sein Stöcklein mit, in der Hoffnung, einmal an einem Ort vorüberzugehen, wo das Geld des alten Königs vergraben sei. Eines Abends führte ihn der Zufall in einen entlegenen Teil des

Schlossgartens, den er wenig besuchte, und plötzlich fühlte er das Stöcklein in seiner Hand zucken, und dreimal schlug es gegen den Boden. Nun wusste er schon, was dies zu bedeuten hatte. Er zog daher seinen Dolch heraus, machte Zeichen in die umstehenden Bäume und schlich sich wieder in das Schloss. Dort verschaffte er sich einen Spaten und wartete die Nacht zu seinem Unternehmen ab.

Das Schatzgraben selbst machte übrigens dem kleinen Muck mehr zu schaffen, als er geglaubt hatte.

Seine Arme waren gar zu schwach, sein Spaten aber groß und schwer, und er mochte wohl schon zwei Stunden gearbeitet haben, ehe er ein paar Fuß tief gegraben hatte. Endlich stieß er auf etwas Hartes, das wie Eisen klang.

Er grub jetzt emsiger, und bald hatte er einen großen eisernen Deckel zutage gefördert. Er stieg selbst in die Grube hinab, um nachzuspähen, was wohl der Deckel könnte bedeckt haben, und fand richtig einen großen Topf, mit Goldstücken angefüllt. Aber seine schwachen Kräfte reichten nicht hin, den Topf zu heben, daher steckte er in seine Beinkleider und seinen Gürtel, soviel er zu tragen vermochte, und auch sein Mäntelein füllte er damit, bedeckte das Übrige wieder sorgfältig und lud es auf den Rücken. Aber wahrlich, wenn er die Pantoffeln nicht an den Füßen gehabt hätte, er wäre nicht vom Fleck gekommen, so zog ihn die Last des Goldes nieder. Doch unbemerkt kam er auf sein Zimmer und verwahrte dort sein Gold unter den Polstern seines Sofas.

Als der kleine Muck sich im Besitz so vielen Goldes sah, glaubte er, das Blatt werde sich jetzt wenden, und er werde sich unter seinen Feinden am Hofe viele Gönner und warme Anhänger erwerben. Aber schon daran konnte man erkennen, dass der gute Muck keine gar sorgfältige Erziehung genossen haben musste, sonst hätte er sich

wohl nicht einbilden können, durch Gold wahre Freunde zu gewinnen. Ach, dass er damals seine Pantoffeln geschmiert und sich mit seinem Mäntelein voll Gold aus dem Staub gemacht hätte!

Das Gold, das der kleine Muck von jetzt an mit vollen Händen austeilte, erweckte den Neid der übrigen Hof bedienten. Der Küchenmeister Ahuli sagte: ‚Er ist ein Falschmünzer.“

Der Sklavenaufseher Achmet sagte: ‚Er hat‘s dem König abgeschwatzt.‘

Archaz, der Schatzmeister aber, sein ärgster Feind, der selbst hie und da einen Griff in des Königs Kasse tun mochte, sagte geradezu: ‚Er hat‘s gestohlen.‘

Um nun ihrer Sache gewiss zu sein, verabredeten sie sich, und der Obermundschenk Korchuz stellte sich eines Tages recht traurig und niedergeschlagen vor den Augen des Königs. Er machte seine traurigen Gebärden so auffallend, dass ihn der König fragte, was ihm fehle.

‚Ach‘, antwortete er, ‚ich bin traurig, dass ich die Gnade meines Herrn verloren habe.‘

‚Was fabelst du, Freund Korchuz?‘ entgegnete ihm der König. ‚Seit wann hätte ich die Sonne meiner Gnade nicht über dich leuchten lassen?‘

Der Obermundschenk antwortete ihm, dass er ja den geheimen Oberleibläufer mit Gold belade, seinen armen, treuen Dienern aber nichts gebe.

Der König war sehr erstaunt über diese Nachricht, ließ sich die Goldausteilungen des kleinen Muck erzählen, und die Verschworenen brachten ihm leicht den Verdacht bei, dass Muck auf irgendeine Art das Geld aus der Schatzkammer gestohlen habe. Sehr lieb war diese Wendung der Sache dem Schatzmeister, der ohnehin nicht gerne Rechnung ablegte. Der König gab daher den Befehl, heimlich auf alle Schritte des kleinen Muck Acht zu geben, um ihn womöglich auf der Tat zu ertappen. Als nun in der Nacht, die auf diesen Unglückstag folgte, der kleine Muck, da er durch seine Freigebigkeit seine Kasse sehr erschöpft sah, den Spaten nahm und in den Schlossgarten schlich, um dort von seinem geheimen Schatze neuen Vorrat zu holen, folgten ihm von Weitem die Wachen, von dem Küchenmeister Ahuli und Archaz, dem Schatzmeister, angeführt, und in dem Augenblick, da er das Gold aus dem Topf in sein Mäntelein legen wollte, fielen sie über ihn her, banden ihn und führten ihn sogleich vor den König. Dieser, den ohnehin die Unterbrechung seines Schlafes mürrisch gemacht hatte, empfing seinen armen geheimen Oberleibläufer sehr ungnädig und stellte sogleich das Verhör über ihn an. Man hatte den Topf vollends aus der Erde gegraben und mit dem Spaten und mit dem Mäntelein voll Gold vor die Füße des Königs gesetzt. Der Schatzmeister sagte aus, dass er mit seinen Wachen den Muck überrascht habe, wie er diesen Topf mit Gold gerade in die Erde gegraben habe.

Der König befragte hierauf den Angeklagten, ob es wahr sei, und woher er das Gold, das er vergraben, bekommen habe?

Der kleine Muck, im Gefühl seiner Unschuld, sagte aus, dass er diesen Topf im Garten entdeckt habe, dass er ihn habe nicht ein-, sondern ausgraben wollen.

Alle Anwesenden lachten laut über diese Entschuldigung. Der König aber, aufs höchste erzürnt über die vermeintliche Frechheit des Kleinen, rief aus: ‚Wie, Elender! Du willst deinen König so dumm und schändlich belügen, nachdem du ihn bestohlen hast? Schatzmeister Archaz! Ich fordere dich auf, zu sagen, ob du diese Summe Goldes für die Nämliche erkennst, die in meinem Schatze fehlt?‘

Der Schatzmeister aber antwortete, er sei seiner Sache ganz gewiss, soviel und noch mehr fehle seit einiger Zeit in dem königlichen Schatz, und er könnte einen Eid darauf ablegen, dass dies das Gestohlene sei.

Da befahl der König, den kleinen Muck in enge Ketten zu legen und in den Turm zu führen. Dem Schatzmeister aber übergab er das Gold, um es wieder in den Schatz zu tragen. Vergnügt über den glücklichen Ausgang der Sache, zog dieser ab und zählte zu Haus die blinkenden Goldstücke. Aber das hat dieser schlechte Mann niemals angezeigt, dass unten in dem Topf ein Zettel lag, der sagte:

‚Der Feind hat mein Land überschwemmt, daher verberge ich hier einen Teil meiner Schätze. Wer es auch finden mag, den treffe der Fluch seines Königs, wenn er es nicht sogleich meinem Sohne ausliefert!

König Sadi.‘

Der kleine Muck stellte in seinem Kerker traurige Betrachtungen an. Er wusste, dass auf Diebstahl an königlichen Sachen der Tod gesetzt war, und doch mochte er das Geheimnis mit dem Stäbchen dem König nicht verraten, weil er mit Recht fürchtete, dieses und seiner Pantoffeln beraubt zu werden. Seine Pantoffeln konnten ihm leider auch keine Hilfe bringen, denn da er in engen Ketten an die Mauer geschlossen war, konnte er, so sehr er sich quälte, sich nicht auf dem Absatz umdrehen. Als ihm aber am andern Tage sein Tod angekündigt wurde, da gedachte er doch, es sei besser, ohne das Zauberstäbchen zu leben, als mit ihm zu sterben, ließ den König um geheimes Gehör bitten und entdeckte ihm das Geheimnis. Der König maß von Anfang an seinem Geständnis keinen Glauben bei; aber der kleine Muck versprach eine Probe, wenn ihm der König zugestände, dass er nicht getötet werden solle. Der König gab ihm sein Wort darauf und ließ, von

Muck ungesehen, einiges Gold in die Erde graben und befahl diesem, mit seinem Stäbchen zu suchen. In wenigen Augenblicken hatte er es gefunden, denn das Stäbchen schlug deutlich dreimal auf die Erde. Da merkte der König, dass ihn sein Schatzmeister betrogen hatte, und sandte ihm, wie es im Morgenland gebräuchlich ist, eine seidene Schnur, damit er sich selbst erdrossle. Zum kleinen Muck aber sprach er: ‚Ich habe dir zwar dein Leben versprochen; aber es scheint mir, als ob du nicht allein dieses Geheimnis mit dem Stäbchen besitzest. Darum bleibst du in ewiger Gefangenschaft, wenn du nicht gestehst, was für eine Bewandtnis mit deinem Schnelllaufen hat.‘ Der kleine Muck, dem die einzige Nacht im Turm alle Lust zu längerer Gefangenschaft genommen hatte, bekannte, dass seine ganze Kunst in den Pantoffeln liege, doch lehrte er den König nicht das Geheimnis von dem dreimaligen Umdrehen auf dem Absatz. Der König schlüpfte selbst in die Pantoffeln, um die Probe zu machen, und jagte wie unsinnig im Garten umher. Oft wollte er anhalten, aber er wusste nicht, wie man die Pantoffeln zum Stehen brachte, und der kleine Muck, der diese kleine Rache sich nicht versagen konnte, ließ ihn laufen, bis er ohnmächtig niederfiel.

Als der König wieder zur Besinnung zurückgekehrt war, war er schrecklich aufgebracht über den kleinen Muck, der ihn so ganz außer Atem hatte laufen lassen. ‚Ich habe dir mein Wort gegeben, dir Freiheit und Leben zu schenken; aber innerhalb zwölf Stunden musst du mein Land verlassen, sonst lasse ich dich aufknüpfen!‘ Die Pantoffeln und das Stäbchen aber ließ er in seine Schatzkammer legen.

So arm als je wanderte der kleine Muck zum Land hinaus, seine Torheit verwünschend, die ihm vorgespiegelt hatte, er könne eine bedeutende Rolle am Hofe spielen. Das Land, aus dem er gejagt wurde, war zum Glück nicht groß. Daher war er schon nach acht Stunden auf

der Grenze, obgleich ihm das Gehen, da er an seine lieben Pantoffeln gewöhnt war, sehr sauer ankam.

Als er über der Grenze war, verließ er die gewöhnliche Straße, um die dichteste Einöde der Wälder aufzusuchen und dort nur sich zu leben, denn er war allen Menschen gram. In einem dichten Wald traf er auf einen Platz, der ihm zu dem Entschluss, den er gefasst hatte, ganz tauglich schien. Ein klarer Bach, von großen, schattigen Feigenbäumen umgeben, ein weicher Rasen luden ihn ein. Hier warf er sich nieder mit dem Entschluss, keine Speise mehr zu sich zu nehmen, sondern hier den Tod zu erwarten. Über traurigen Todesbetrachtungen schlief er ein. Als er aber wieder aufwachte und der Hunger ihn zu quälen anfing, bedachte er doch, dass der Hungertod eine gefährliche Sache sei, und sah sich um, ob er nirgends etwas zu essen bekommen könnte.

Köstliche reife Feigen hingen an dem Baume, unter welchem er geschlafen hatte. Er stieg hinauf, um sich einige zu pflücken, ließ es sich trefflich schmecken und ging dann hinunter an den Bach, um seinen Durst zu löschen. Aber wie groß war sein Schrecken, als ihm das Wasser seinen Kopf mit zwei gewaltigen Ohren und einer dicken, langen Nase geschmückt zeigte! Bestürzt griff er mit den Händen nach den Ohren, und wirklich, sie waren über eine halbe Elle lang.

‚Ich verdiene Eselsohren!' rief er aus, ‚denn ich habe mein Glück wie ein Esel mit Füßen getreten.'

Er wanderte unter den Bäumen umher, und als er wieder Hunger fühlte, musste er noch einmal zu den Feigen seine Zuflucht nehmen, denn sonst fand er nichts Essbares an den Bäumen. Als ihm über der zweiten Portion Feigen einfiel, ob wohl seine Ohren nicht unter seinem großen Turban Platz hätten, damit er doch nicht gar zu lächerlich aussehe, fühlte er, dass seine Ohren verschwunden seien. Er lief gleich an den Bach zurück, um sich davon zu überzeugen, und wirklich, es war so, seine Ohren hatten ihre vorige Gestalt, seine lange, unförmliche Nase war nicht mehr. Jetzt merkte er aber, wie dies gekommen war. Von dem ersten Feigenbaum hatte er die lange Nase und Ohren bekommen, der Zweite hatte ihn geheilt. Freudig erkannte er, dass sein gütiges Geschick ihm noch einmal die Mittel in die Hand gebe, glücklich zu sein. Er pflückte daher von jedem Baum, soviel er tragen konnte, und ging in das Land zurück, das er vor kurzem verlassen hatte. Dort machte er sich in dem ersten Städtchen durch andere Kleider ganz unkenntlich und ging dann weiter auf die Stadt zu, die jener König bewohnte, und kam auch bald dort an.

Es war gerade zu einer Jahreszeit, wo reife Früchte noch ziemlich selten waren. Der kleine Muck setzte sich daher unter das Tor des Palastes, denn ihm war von früherer Zeit her wohl bekannt, dass hier solche Seltenheiten von dem Küchenmeister für die königliche Tafel eingekauft wurden. Muck hatte noch nicht lange gesessen, als er den Küchenmeister über den Hof herüberschreiten sah. Er musterte die Waren der Verkäufer, die sich am Tor des Palastes eingefunden hatten, endlich fiel sein Blick auch auf Mucks Körbchen. ‚Ah, ein seltener Bissen', sagte er, ‚der Ihrer Majestät gewiss behagen wird. Was willst du für den ganzen Korb?' Der kleine Muck bestimmte einen mäßigen Preis, und sie waren bald des Handels einig. Der Küchenmeister übergab den Korb einem Sklaven und ging weiter. Der kleine Muck aber machte sich einstweilen aus dem Staub, weil er befürchtete, wenn sich das Unglück an den Köpfen des Hofes zeigte, möchte man ihn als Verkäufer aufsuchen und bestrafen.

Der König war über Tisch sehr heiter gestimmt und sagte seinem Küchenmeister ein Mal über das andere Lobsprüche wegen seiner

guten Küche und der Sorgfalt, mit der er immer das Seltenste für ihn aussuche. Der Küchenmeister aber, welcher wohl wusste, welchen Leckerbissen er noch im Hintergrund habe, schmunzelte gar freundlich und ließ nur einzelne Worte fallen, als: ‚Es ist noch nicht aller Tage Abend‘ oder ‚Ende gut, alles gut‘, sodass die Prinzessinnen sehr neugierig wurden, was er wohl noch bringen werde. Als er aber die schönen, einladenden Feigen aufsetzen ließ, da entfloh ein allgemeines Ah! dem Munde der Anwesenden. ‚Wie reif, wie appetitlich!‘ rief der König. ‚Küchenmeister, du bist ein ganzer Kerl und verdienst unsere ganz besondere Gnade!‘ Also sprechend, teilte der König, der mit solchen Leckerbissen sehr sparsam zu sein pflegte, mit eigener Hand die Feigen an seiner Tafel aus. Jeder Prinz und jede Prinzessin bekam zwei, die Hofdamen und die Wesire und Agas eine, die übrigen stellte er vor sich hin und begann mit großem Behagen sie zu verschlingen.

‚Aber, lieber Gott, wie siehst du so wunderlich aus, Vater?‘ rief auf einmal die Prinzessin Amarza. Alle sahen den König erstaunt an. Ungeheure Ohren hingen ihm am Kopf, eine lange Nase zog sich über sein Kinn herunter. Auch sich selbst betrachteten sie untereinander mit Staunen und Schrecken. Alle waren mehr oder minder mit dem sonderbaren Kopfputz geschmückt.

Man denke sich den Schrecken des Hofes! Man schickte sogleich nach allen Ärzten der Stadt. Sie kamen haufenweise, verordneten Pillen und Mixturen, aber die Ohren und die Nasen blieben. Man operierte einen der Prinzen, aber die Ohren wuchsen nach.

Muck hatte die ganze Geschichte in seinem Versteck, wohin er sich zurückgezogen hatte, gehört und erkannte, dass es jetzt Zeit sei, zu handeln. Er hatte sich schon vorher von dem aus den Feigen gelösten Geld einen Anzug verschafft, der ihn als Gelehrten darstellen konn-

te. Ein langer Bart aus Ziegenhaaren vollendete die Täuschung. Mit einem Säckchen voll Feigen wanderte er in den Palast und bot als fremder Arzt seine Hilfe an. Man war von Anfang sehr ungläubig; als aber der kleine Muck eine Feige einem der Prinzen zu essen gab und Ohren und Nase dadurch in den alten Zustand zurückbrachte, da wollte alles von dem fremden Arzte geheilt sein. Aber der König nahm ihn schweigend bei der Hand und führte ihn in sein Gemach. Dort schloss er eine Tür auf, die in die Schatzkammer führte, und winkte Muck, ihm zu folgen. ‚Hier sind meine Schätze', sprach der König, ‚wähle dir, was es auch sei, es soll dir gewährt werden, wenn du mich von diesem schmachvollen Übel befreist.'

Das war süße Musik in des kleinen Muck Ohren. Er hatte gleich beim Eintritt seine Pantoffeln auf dem Boden stehen sehen, gleich daneben lag auch sein Stäbchen. Er ging nun umher in dem Saal, wie wenn er die Schätze des Königs bewundern wollte. Kaum aber war er an seine Pantoffeln gekommen, so schlüpfte er eilends hinein, ergriff sein Stäbchen, riss seinen falschen Bart herab und zeigte dem erstaunten König das wohlbekannte Gesicht seines verstoßenen Muck. ‚Treuloser König', sprach er, ‚der du treue Dienste mit Undank lohnst, nimm als wohlverdiente Strafe die Missgestalt, die du trägst. Die Ohren lass ich dir zurück, damit sie dich täglich erinnern an den kleinen Muck.'

Als er so gesprochen hatte, drehte er sich schnell auf dem Absatz herum, wünschte sich weit hinweg, und ehe noch der König um Hilfe rufen konnte, war der kleine Muck entflohen. Seitdem lebt der kleine Muck hier in großem Wohlstand, aber einsam. Er ist durch Erfahrung ein weiser Mann geworden, welcher, wenn auch sein Äußeres etwas Auffallendes haben mag, deine Bewunderung mehr als deinen Spott verdient."

So erzählte mir mein Vater. Ich bezeugte ihm meine Reue über mein rohes Betragen gegen den guten kleinen Mann. Ich erzählte meinen Kameraden die wunderbaren Schicksale des Kleinen, und wir gewannen ihn so lieb, dass ihn keiner mehr schimpfte. Im Gegenteil, wir ehrten ihn, solange er lebte, und haben uns vor ihm immer so tief wie vor Kadi und Mufti gebückt.

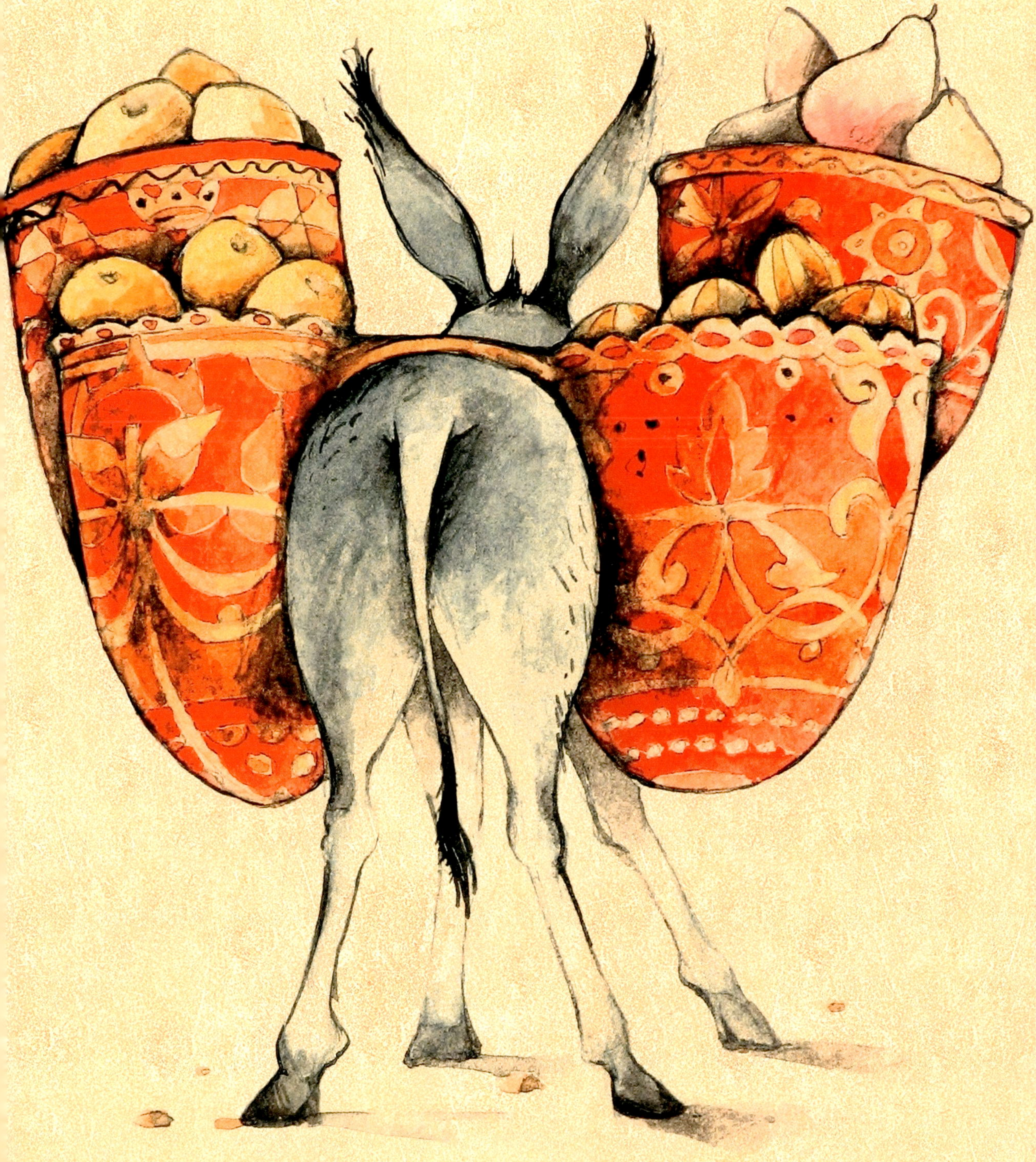

Der Zwerg Nase

In einer bedeutenden Stadt meines lieben Vaterlandes, Deutschland, lebte vor vielen Jahren ein Schuster mit seiner Frau schlicht und recht. Er saß bei Tag an der Ecke der Straße und flickte Schuhe und Pantoffeln und machte wohl auch Neue, wenn ihm einer welche anvertrauen mochte; doch musste er dann das Leder erst einkaufen, denn er war arm und hatte keine Vorräte. Seine Frau verkaufte Gemüse und Früchte, die sie in einem kleinen Gärtchen vor dem Tore pflanzte, und viele Leute kauften gerne bei ihr, weil sie reinlich und sauber gekleidet war und ihr Gemüse auf gefällige Art auszubreiten und zu legen wusste.

Die beiden Leutchen hatten einen schönen Knaben, angenehm von Gesicht, wohl gestaltet und für das Alter von zwölf Jahren schon ziemlich groß. Er pflegte gewöhnlich bei der Mutter auf dem Gemüsemarkt zu sitzen, und den Weibern oder Köchen, die viel bei der Schustersfrau eingekauft hatten, trug er wohl auch ei-

nen Teil der Früchte nach Hause, und selten kam er von einem solchen Gang zurück ohne eine schöne Blume oder ein Stückchen Geld oder Kuchen, denn die Herrschaften dieser Köche sahen es gerne, wenn man den schönen Knaben mit nach Hause brachte, und beschenkten ihn immer reichlich.

Eines Tages saß die Frau des Schusters wieder wie gewöhnlich auf dem Markte. Sie hatte vor sich einige Körbe mit Kohl und anderm Gemüse, allerlei Kräuter und Sämereien, auch in einem kleineren Körbchen frühe Birnen, Äpfel und Aprikosen. Der kleine Jakob, so hieß der Knabe, saß neben ihr und rief mit heller Stimme die Waren aus: „Hierher, ihr Herren, seht, welch schöner Kohl, wie wohlriechend diese Kräuter! Frühe Birnen, ihr Frauen, frühe Äpfel und Aprikosen! Wer kauft? Meine Mutter gibt es wohlfeil.“ So rief der Knabe. Da kam ein altes Weib über den Markt her. Sie sah etwas zerrissen und zerlumpt aus, hatte ein kleines spitziges Gesicht, vom Alter ganz eingefurcht, rote Augen und eine spitzige, gebogene Nase, die gegen das Kinn hinabstrebte. Sie ging an einem langen Stock, und doch konnte man nicht sagen, wie sie ging, denn sie hinkte und rutschte und wankte. Es war, als habe sie Räder in den Beinen und könne alle Augenblicke umstülpen und mit der spitzigen Nase aufs Pflaster fallen.

Die Frau des Schusters betrachtete dieses Weib aufmerksam. Es waren jetzt doch schon sechzehn Jahre, dass sie täglich auf dem Markte saß, und nie hatte sie diese sonderbare Gestalt bemerkt. Aber sie erschrak unwillkürlich, als die Alte auf sie zuhinkte und an ihren Körben stillestand.

„Seid Ihr Hanne, die Gemüsehändlerin?“ fragte das alte Weib mit unangenehmer, krächzender Stimme, indem sie beständig den Kopf hin- und herschüttelte.

„Ja, die bin ich", antwortete die Schustersfrau, „ist Euch etwas gefällig?"

„Wollen sehen, wollen sehen! Kräutlein schauen, Kräutlein schauen, ob du hast, was ich brauche", antwortete die Alte, beugte sich nieder vor den Körben und fuhr mit ein Paar dunkelbraunen, hässlichen Händen in den Kräuterkorb hinein, packte die Kräutlein, die so schön und zierlich ausgebreitet waren, mit ihren langen Spinnenfingern, brachte sie dann eins um das andere hinauf an die lange Nase und beroch sie hin und her. Der Frau des Schusters wollte es fast das Herz abdrücken, wie sie das alte Weib also mit ihren seltenen Kräutern hantieren sah; aber sie wagte nichts zu sagen, denn es war das Recht des Käufers, die Ware zu prüfen, und überdies empfand sie ein sonderbares Grauen vor dem Weibe. Als jene den ganzen Korb durchgemustert hatte, murmelte sie: „Schlechtes Zeug, schlechtes Kraut, nichts von allem, was ich will, war viel besser vor fünfzig Jahren, schlechtes Zeug, schlechtes Zeug!"

Solche Reden verdrossen nun den kleinen Jakob. „Höre, du bist ein unverschämtes, altes Weib", rief er unmutig, „erst fährst du mit deinen garstigen, braunen Fingern in die schönen Kräuter hinein und drückst sie zusammen, dann hältst du sie an deine lange Nase, dass sie niemand mehr kaufen mag, wer zugesehen, und jetzt schimpfst du noch unsere Ware schlechtes „Zeug, und doch kauft selbst der Koch des Herzogs alles bei uns!"

Das alte Weib schielte den mutigen Knaben an, lachte widerlich und sprach mit heiserer Stimme: „Söhnchen, Söhnchen! Also gefällt dir meine Nase, meine schöne lange Nase? Sollst auch eine haben mitten im Gesicht bis übers Kinn herab." Während sie so sprach, rutschte sie an den andern Korb, in welchem Kohl ausgelegt war. Sie nahm die herrlichsten weißen Kohlhäupter in die Hand, drückte sie zusammen,

dass sie ächzten, warf sie dann wieder unordentlich in den Korb und sprach auch hier: „Schlechte Ware, schlechter Kohl!“

„Wackle nur nicht so garstig mit dem Kopf hin und her!“ rief der Kleine ängstlich. „Dein Hals ist ja so dünne wie ein Kohlstängel, der könnte leicht abbrechen, und dann fiele dein Kopf hinein in den Korb. Wer wollte dann noch kaufen!“

„Gefallen sie dir nicht, die dünnen Hälse?“ murmelte die Alte lachend. „Sollst gar keinen haben, Kopf muss in den Schultern stecken, dass er nicht herabfällt vom kleinen Körperlein!“

„Schwatzt doch nicht so unnützes Zeug mit dem Kleinen da“, sagte endlich die Frau des Schusters im Unmut über das lange Prüfen, Mustern und Beriechen, „wenn Ihr etwas kaufen wollt, so sputet Euch, Ihr verscheucht mir ja die andern Kunden.“

„Gut, es sei, wie du sagst“, rief die Alte mit grimmigem Blick, „ich will dir diese sechs Kohlhäupter abkaufen; aber siehe, ich muss mich auf den Stab stützen und kann nichts tragen. Erlaube deinem Söhnlein, dass es mir die Ware nach Hause bringt, ich will es dafür belohnen.“

Der Kleine wollte nicht mitgehen und weinte, denn ihm graute vor der hässlichen Frau; aber die Mutter befahl es ihm ernstlich, weil sie es doch für eine Sünde hielt, der alten, schwächlichen Frau diese Last allein aufzubürden.

Halb weinend tat er, wie sie befohlen, raffte die Kohlhäupter in ein Tuch zusammen und folgte dem alten Weib über den Markt hin.

Es ging nicht sehr schnell bei ihr, und sie brauchte beinahe drei Viertelstunden, bis sie in einen ganz entlegenen Teil der Stadt kam und endlich vor einem kleinen, baufälligen Hause stillhielt. Dort zog sie einen alten, rostigen Haken aus der Tasche, fuhr damit geschickt in ein kleines Loch in der Türe, und plötzlich sprang diese krachend

auf. Aber wie war der kleine Jakob überrascht, als er eintrat! Das Innere des Hauses war prachtvoll ausgeschmückt, von Marmor waren die Decke und die Wände, die Gerätschaften vom schönsten Ebenholz, mit Gold und geschliffenen Steinen eingelegt, der Boden aber war von Glas und so glatt, dass der Kleine einige Mal ausglitt und umfiel. Die Alte aber zog ein silbernes Pfeifchen aus der Tasche und pfiff eine Weise darauf, die gellend durch das Haus tönte.

Da kamen sogleich einige Meerschweinchen die Treppe herab. Dem Jakob wollte es aber ganz sonderbar dünken, dass sie aufrecht auf zwei Beinen gingen, Nussschalen statt Schuhe an den Pfoten trugen, menschliche Kleider angelegt und sogar Hüte nach der neuesten Mode auf die Köpfe gesetzt hatten. „Wo habt ihr meine Pantoffeln, schlechtes Gesindel?“ rief die Alte und schlug mit dem Stock nach ihnen, dass sie jammernd in die Höhe sprangen. „Wie lange soll ich noch so dastehen?“

Sie sprangen schnell die Treppe hinauf und kamen wieder mit ein Paar Schalen von Kokosnuss, mit Leder gefüttert, welche sie der Alten geschickt an die Füße steckten.

Jetzt war alles Hinken und Rutschen vorbei. Sie warf den Stab von sich und glitt mit großer Schnelligkeit über den Glasboden hin, indem sie den kleinen Jakob an der Hand mit fortzog. Endlich hielt sie in einem Zimmer stille, das, mit allerlei Gerätschaften ausgeputzt, beinahe einer Küche glich, obgleich die Tische von Mahagoniholz und die Sofas, mit reichen Teppichen behängt, mehr zu einem Prunkgemach passten. „Setze dich, Söhnchen“, sagte die Alte recht freundlich, indem sie ihn in die Ecke eines Sofas drückte und einen Tisch also vor ihn hinstellte, dass er nicht mehr hervorkommen konnte. „Setze dich, du hast gar schwer zu tragen gehabt, die Menschenköpfe sind nicht so leicht, nicht so leicht.“

„Aber, Frau, was sprechet Ihr so wunderlich?“ rief der Kleine. „Müde bin ich zwar, aber es waren ja Kohlköpfe, die ich getragen. Ihr habt sie meiner Mutter abgekauft.“

„Ei, das weißt du falsch“, lachte das Weib, deckte den Deckel des Korbes auf und brachte einen Menschenkopf hervor, den sie am Schopf gefasst hatte. Der Kleine war vor Schrecken außer sich. Er konnte nicht fassen, wie dies alles zuging. Aber er dachte an seine Mutter; wenn jemand von diesen Menschenköpfen etwas erfahren würde, dachte er bei sich, da würde man gewiss meine Mutter dafür anklagen.

„Muss dir nun auch etwas geben zum Lohn, weil du so artig bist“, murmelte die Alte, „gedulde dich nur ein Weilchen, will dir ein Süppchen einbrocken, an das du dein Leben lang denken wirst.“

So sprach sie und pfiff wieder. Da kamen zuerst viele Meerschweinchen in menschlichen Kleidern. Sie hatten Küchenschürzen umgebunden und im Gürtel Rührlöffel und Tranchiermesser. Nach diesen kam eine Menge Eichhörnchen hereingehüpft. Sie hatten weite türkische Beinkleider an, gingen aufrecht, und auf dem Kopf trugen sie grüne Mützchen von Samt. Diese schienen die Küchenjungen zu sein, denn sie kletterten mit großer Geschwindigkeit an den Wänden hinauf und brachten Pfannen und Schüsseln, Eier und Butter, Kräuter und Mehl herab und trugen es auf den Herd. Dort aber fuhr die alte Frau auf ihren Pantoffeln von Kokosschalen beständig hin und her, und der Kleine sah, dass sie es sich recht angelegen sein lasse, ihm etwas Gutes zu kochen. Jetzt knisterte das Feuer höher empor, jetzt rauchte und sott es in der Pfanne, ein angenehmer Geruch verbreitete sich im Zimmer. Die Alte aber rannte auf und ab, die Eichhörnchen und Meerschweine ihr nach, und so oft sie am Herde vorbeikam, guckte sie mit ihrer langen Nase in den Topf. Endlich fing es an zu sprudeln und zu zischen, Dampf stieg aus dem Topf hervor, und der Schaum floss herab ins

Feuer. Da nahm sie ihn weg, goss davon in eine silberne Schale und setzte sie dem kleinen Jakob vor.

„So, Söhnchen, so“, sprach sie, „iss nur dieses Süppchen, dann hast du alles, was dir an mir so gefallen! Sollst auch ein geschickter Koch werden, dass du doch etwas bist; aber Kräutlein, nein, das Kräutlein sollst du nimmer finden. Warum hat es deine Mutter nicht in ihrem Korb gehabt?“ Der Kleine verstand nicht recht, was sie sprach. Desto aufmerksamer behandelte er die Suppe, die ihm ganz trefflich schmeckte. Seine Mutter hatte ihm manche schmackhafte Speise bereitet, aber so gut war ihr noch nichts geworden. Der Duft von feinen Kräutern und Gewürzen stieg aus der Suppe auf, dabei war sie süß und säuerlich zugleich und sehr stark. Während er noch die letzten Tropfen der köstlichen Speise austrank, zündeten die Meerschweinchen arabischen Weihrauch an, der in bläulichen Wolken durch das Zimmer schwebte. Dichter und immer dichter wurden diese Wolken und sanken herab, der Geruch des Weihrauchs wirkte betäubend auf den Kleinen. Er mochte sich zurufen, so oft er wollte, dass er zu seiner Mutter zurückkehren müsse; wenn er sich ermannte, sank er immer wieder von neuem in den Schlummer zurück und schlief endlich wirklich auf dem Sofa des alten Weibes ein.

Sonderbare Träume kamen über ihn. Es war ihm, als ziehe ihm die Alte seine Kleider aus und umhülle ihn dafür mit einem Eichhörnchenbalg. Jetzt konnte er Sprünge machen und klettern wie ein Eichhörnchen. Er ging mit den übrigen Eichhörnchen und Meerschweinchen um, die sehr artige, gesittete Leute waren, und hatte mit ihnen den Dienst bei der alten Frau. Zuerst wurde er nur zu den Diensten eines Schuhputzers gebraucht, d. h., er musste die Kokosnüsse, welche die Frau statt der Pantoffeln trug, mit Öl salben und durch Reiben glänzend machen. Da er nun in seines Vaters Hause zu ähn-

lichen Geschäften oft angehalten worden war, so ging es ihm flink von der Hand. Etwa nach einem Jahr, träumte er weiter, wurde er zu einem feineren Geschäft gebraucht; er musste nämlich mit noch einigen Eichhörnchen Sonnenstäubchen fangen und, wenn sie genug hatten, solche durch das feinste Haarsieb sieben. Die Frau hielt nämlich die Sonnenstäubchen für das Allerfeinste, und weil sie nicht gut beißen konnte, denn sie hatte keinen Zahn mehr, so ließ sie sich ihr Brot aus Sonnenstäubchen zubereiten.

Wiederum nach einem Jahre wurde er zu den Dienern versetzt, die das Trinkwasser für die Alte sammelten. Man denke nicht, dass sie sich hierzu etwa eine Zisterne hätte graben lassen oder ein Fass in den Hof stellte, um das Regenwasser darin aufzufangen. Da ging es viel feiner zu. Die Eichhörnchen, und Jakob mit ihnen, mussten mit Haselnussschalen den Tau aus den Rosen schöpfen, und das war das Trinkwasser der Alten. Da sie nun bedeutend viel trank, so hatten die Wasserträger schwere Arbeit. Nach einem Jahr wurde er zum inneren Dienst des Hauses bestellt. Er hatte nämlich das Amt, die Böden rein zu machen. Da nun diese von Glas waren, worin man jeden Hauch sah, war es keine geringe Arbeit. Sie mussten sie bürsten und altes Tuch an die Füße schnallen und auf diesem künstlich im Zimmer umherfahren. Im vierten Jahre ward er endlich zur Küche versetzt. Es war dies ein Ehrenamt, zu welchem man nur nach langer Prüfung gelangen konnte. Jakob diente dort vom Küchenjungen aufwärts bis zum ersten Pastetenmacher und erreichte eine so ungemeine Geschicklichkeit und Erfahrung in allem, was die Küche betrifft, dass er sich oft über sich selbst wundern musste. Die schwierigsten Sachen, Pasteten von zweihunderterlei Essenzen, Kräutersuppen, von allen Kräutlein der Erde zusammengesetzt, alles lernte er, alles verstand er schnell und kräftig zu machen.

So waren etwa sieben Jahre im Dienste des alten Weibes vergangen. Da befahl sie ihm eines Tages, indem sie die Kokosschuhe auszog, Korb und Krückenstock zur Hand nahm, um auszugehen, er sollte ein Hühnlein rupfen, mit Kräutern füllen und solches schön bräunlich und gelb rösten, bis sie wiederkäme. Er tat dies nach den Regeln der Kunst. Er drehte dem Hühnlein den Kragen um, brühte es in heißem Wasser, zog ihm geschickt die Federn aus, schabte ihm nachher die Haut, dass sie glatt und fein wurde, und nahm ihm die Eingeweide heraus. Sodann fing er an, die Kräuter zu sammeln, womit er das Hühnlein füllen sollte. In der Kräuterkammer gewahrte er aber diesmal ein Wandschränkchen, dessen Türe halb geöffnet war und das er sonst nie bemerkt hatte. Er ging neugierig näher, um zu sehen, was es enthalte, und siehe da, es standen viele Körbchen darinnen, von welchen ein starker, angenehmer Geruch ausging. Er öffnete eines dieser Körbchen und fand darin Kräutlein von ganz besonderer Gestalt und Farbe. Die Stängel und Blätter waren blaugrün und trugen oben eine kleine Blume von brennendem Rot, mit Gelb verbrämt. Er betrachtete sinnend diese Blume, beroch sie, und sie strömte denselben starken Geruch aus, von dem einst jene Suppe, die ihm die Alte gekocht, geduftet hatte. Aber so stark war der Geruch, dass er zu niesen anfing, immer heftiger niesen musste und – am Ende niesend erwachte.

Da lag er auf dem Sofa des alten Weibes und blickte verwundert umher. „Nein, wie man aber so lebhaft träumen kann!“ sprach er zu sich. „Hätte ich jetzt doch schwören wollen, dass ich ein schnödes Eichhörnchen, ein Kamerad von Meerschweinen und anderem Ungeziefer, dabei aber ein großer Koch geworden sei. Wie wird die Mutter lachen, wenn ich ihr alles erzähle! Aber wird sie nicht auch schmälen, dass ich in einem fremden Hause einschlafe, statt ihr zu helfen auf dem Markte?“ Mit diesen Gedanken raffte er sich auf, um hinwegzugehen. Noch waren seine Glieder vom Schlaf ganz steif, besonders sein Nacken, denn er konnte den Kopf nicht recht hin- und herbewegen. Er musste auch selbst über sich lächeln, dass er so schlaftrunken war, denn alle Augenblicke, ehe er es sich versah, stieß er mit der Nase an einen Schrank oder an die Wand oder schlug sie, wenn er sich schnell umwandte, an einen Türpfosten. Die Eichhörnchen und Meerschweinchen liefen winselnd um ihn her, als wollten sie ihn begleiten. Er lud sie auch wirklich ein, als er auf der Schwelle war, denn es waren niedliche Tierchen; aber sie fuhren auf ihren Nussschalen schnell ins Haus zurück, und er hörte sie nur noch in der Ferne heulen.

Es war ein ziemlich entlegener Teil der Stadt, wohin ihn die Alte geführt hatte, und er konnte sich kaum aus den engen Gassen herausfinden, auch war dort ein großes Gedränge, denn es musste sich, wie ihm dünkte, gerade in der Nähe ein Zwerg sehen lassen. Überall hörte er rufen: „Ei, sehet den hässlichen Zwerg! Wo kommt der Zwerg her? Ei, was hat er doch für eine lange Nase, und wie ihm der Kopf in den Schultern steckt, und die braunen, hässlichen Hände!“ Zu einer andern Zeit wäre er wohl auch nachgelaufen, denn er sah für sein Leben gern Riesen oder Zwerge oder seltsame fremde Trachten; aber so musste er sich sputen, um zur Mutter zu kommen.

Es war ihm ganz ängstlich zumut, als er auf den Markt kam. Die Mutter saß noch da und hatte noch ziemlich viele Früchte im Korb, lange konnte er also nicht geschlafen haben; aber doch kam es ihm von Weitem schon vor, als sei sie sehr traurig, denn sie rief die Vorübergehenden nicht an, einzukaufen, sondern hatte den Kopf in die Hand gestützt, und als er näher kam, glaubte er auch, sie sei bleicher als sonst. Er zauderte, was er tun sollte. Endlich fasste er sich ein Herz, schlich sich hinter sie hin, legte traulich seine Hand auf

ihren Arm und sprach: „Mütterchen, was fehlt dir? Bist du böse auf mich?“

Die Frau wandte sich um nach ihm, fuhr aber mit einem Schrei des Entsetzens zurück:

„Was willst du von mir, hässlicher Zwerg?“ rief sie. „Fort, fort! Ich kann dergleichen Possenspiele nicht leiden.“

„Aber, Mutter, was hast du denn?“ fragte Jakob ganz erschrocken. „Dir ist gewiss nicht wohl. Warum willst du denn deinen Sohn von dir jagen?“

„Ich habe dir schon gesagt, gehe deines Weges!“ entgegnete Frau Hanne zürnend. „Bei mir verdienst du kein Geld durch deine Gaukeleien, hässliche Missgeburt!“

Der arme Jakob wusste nicht, was er von diesem allem denken sollte. War er doch, wie er glaubte, heute früh wie gewöhnlich mit der Mutter auf den Markt gegangen, hatte ihr die Früchte aufstellen helfen, war nachher mit dem alten Weib in ihr Haus gekommen, hatte ein Süppchen verzehrt, ein kleines Schläfchen gemacht und war jetzt wieder da. Und seine Mutter nannte ihn einen garstigen Zwerg! Was war denn nur mit ihm vorgegangen?

Als er sah, dass die Mutter gar nichts mehr von ihm hören wollte, traten ihm die Tränen in die Augen, und er ging trauernd die Straße hinab nach der Bude, wo sein Vater den Tag über Schuhe flickte. Ich will doch sehen, dachte er bei sich, ob er mich auch nicht kennen will. Unter die Türe will ich mich stellen und mit ihm sprechen. Als er an der Bude des Schusters angekommen war, stellte er sich unter die Türe und schaute hinein. Der Meister war so emsig mit seiner Arbeit beschäftigt, dass er ihn gar nicht sah. Als er aber zufällig einen Blick nach der Türe warf, ließ er Schuhe, Draht und Pfriem auf die Erde fallen und rief mit Entsetzen: „Um Gottes willen, was ist das, was ist das!“

„Guten Abend, Meister!“ sprach der Kleine, indem er vollends in den Laden trat. „Wie geht es Euch?“

„Schlecht, schlecht, kleiner Herr!“ antwortete der Vater zu Jakobs großer Verwunderung, denn er schien ihn auch nicht zu kennen. „Das Geschäft will mir nicht von der Hand. Bin so allein und werde jetzt alt; doch ist mir ein Geselle zu teuer.“

„Aber habt Ihr denn kein Söhnlein, das Euch nach und nach an die Hand gehen könnte bei der Arbeit?“ forschte der Kleine weiter.

„Ich hatte einen, er hieß Jakob und müsste jetzt ein schlanker, gewandter Bursche von zwanzig Jahren sein, der mir tüchtig unter die Arme greifen könnte. Ha, das müsste ein Leben sein! Schon als er zwölf Jahre alt war, zeigte er sich so anstellig und geschickt und verstand schon manches vom Handwerk, und hübsch und angenehm war er auch. Der hätte mir eine Kundschaft hergelockt, dass ich bald nicht mehr geflickt, sondern nichts als Neues geliefert hätte! Aber so geht‘s in der Welt!“ – „Wo ist denn aber Euer Sohn?“ fragte Jakob mit zitternder Stimme seinen Vater.

„Das weiß Gott“, antwortete er, „vor sieben Jahren, ja, so lange ist‘s jetzt her, wurde er uns vom Markte weggestohlen.“

„Vor sieben Jahren!“ rief Jakob mit Entsetzen.

„Ja, kleiner Herr, vor sieben Jahren. Ich weiß noch wie heute, wie mein Weib nach Hause kam, heulend und schreiend, das Kind sei den ganzen Tag nicht zurückgekommen, sie habe überall geforscht und gesucht und es nicht gefunden. Ich habe es immer gedacht und gesagt, dass es so kommen würde. Der Jakob war ein schönes Kind, das muss man sagen. Da war nun meine Frau stolz auf ihn und sah es gerne, wenn ihn die Leute lobten, und schickte ihn oft mit Gemüse und dergleichen in vornehme Häuser. Das war schon recht, er wurde allemal reichlich beschenkt. Aber, sagte ich, gib Acht! Die Stadt ist groß, viele

schlechte Leute wohnen da, gib mir auf den Jakob acht! Und so war es, wie ich sagte. Kommt einmal ein altes, hässliches Weib auf den Markt, feilscht um Früchte und Gemüse und kauft am Ende so viel, dass sie es nicht selbst tragen kann. Mein Weib, die mitleidige Seele, gibt ihr den Jungen mit und – hat ihn zur Stunde nicht mehr gesehen."

„Und das ist jetzt sieben Jahre, sagt Ihr?"

„Sieben Jahre wird es im Frühling. Wir ließen ihn ausrufen, wir gingen von Haus zu Haus und fragten. Manche hatten den hübschen Jungen gekannt und lieb gewonnen und suchten jetzt mit uns, alles vergeblich. Auch die Frau, welche das Gemüse gekauft hatte, wollte niemand kennen; aber ein steinaltes Weib, die schon neunzig Jahre gelebt hatte, sagte, es könne wohl die böse Fee Kräuterweis gewesen sein, die alle fünfzig Jahre einmal in die Stadt komme, um sich allerlei einzukaufen."

So sprach Jakobs Vater und klopfte dabei seine Schuhe weidlich und zog den Draht mit beiden Fäusten weit hinaus. Dem Kleinen aber wurde es nach und nach klar, was mit ihm vorgegangen, dass er nämlich nicht geträumt, sondern dass er sieben Jahre bei der bösen Fee als Eichhörnchen gedient habe. Da fragte ihn sein Vater: „Ist Euch vielleicht etwas von meiner Arbeit gefällig, junger Herr? Vielleicht ein Futteral für Eure Nase?"

Der Kleine stand stumm vor Schrecken. Er betastete seine Nase, sie war dick und wohl zwei Hände lang! So hatte also die Alte auch seine Gestalt verwandelt. Darum kannte ihn also die Mutter nicht, darum schalt man ihn einen hässlichen Zwerg! „Meister", sprach er halb weinend zu dem Schuster, „habt Ihr keinen Spiegel bei der Hand, worin ich mich beschauen könnte?"

„Junger Herr", erwiderte der Vater mit Ernst, „Ihr habt nicht gerade eine Gestalt empfangen, die Euch eitel machen könnte, und Ihr habt nicht Ursache, alle Stunden in den Spiegel zu gucken. Gewöhnt es Euch ab, es ist besonders bei Euch eine lächerliche Gewohnheit."

„Ach, so lasst mich doch in den Spiegel schauen", rief der Kleine, „gewiss, es ist nicht aus Eitelkeit!"

„Lasset mich in Ruhe, ich hab keinen im Vermögen. Meine Frau hat ein Spiegelchen, ich weiß aber nicht, wo sie es verborgen. Müsst Ihr aber durchaus in den Spiegel gucken, nun, über der Straße hin wohnt Urban, der Barbier, der hat einen Spiegel, zweimal so groß als Euer Kopf. Gucket dort hinein, und indessen guten Morgen!"

Mit diesen Worten schob ihn der Vater ganz gelinde zur Bude hinaus, schloss die Türe hinter ihm zu und setzte sich wieder zur Arbeit. Der Kleine aber ging sehr niedergeschlagen über die Straße zu Urban, dem Barbier, den er noch aus früheren Zeiten wohl kannte. „Guten Morgen, Urban", sprach er zu ihm, „ich komme, Euch um eine Gefälligkeit zu bitten. Seid so gut und lasset mich ein wenig in Euren Spiegel schauen!"

„Mit Vergnügen, dort steht er", rief der Barbier lachend, und seine Kunden, denen er den Bart scheren sollte, lachten weidlich mit. „Ihr seid ein hübsches Bürschchen, schlank und fein, ein Hälschen wie ein Schwan, Händchen wie eine Königin, und ein Stumpfnäschen, man kann es nicht schöner sehen. Ein wenig eitel seid Ihr darauf, das ist wahr. Aber beschauet Euch immer! Man soll nicht von mir sagen, ich habe Euch aus Neid nicht in meinen Spiegel schauen lassen."

So sprach der Barbier, und wieherndes Gelächter füllte die Baderstube. Der Kleine aber war indes vor den Spiegel getreten und hatte sich beschaut. Tränen traten ihm in die Augen. „Ja, so konntest du freilich deinen Jakob nicht wiedererkennen, liebe Mutter", sprach er zu sich, „so war er nicht anzuschauen in den Tagen der Freude, wo du gerne mit ihm prangtest vor den Leuten!" Seine Augen waren klein

geworden, wie die der Schweine, seine Nase war ungeheuer und hing über Mund und Kinn herunter, der Hals schien gänzlich weggenommen worden zu sein, denn sein Kopf stak tief in den Schultern, und nur mit den größten Schmerzen konnte er ihn rechts und links bewegen. Sein Körper war noch so groß als vor sieben Jahren, da er zwölf Jahre alt war. Aber wenn andere vom Zwölften bis ins Zwanzigste in die Höhe wachsen, so wuchs er in die Breite, der Rücken und die Brust waren weit ausgebogen und waren anzusehen wie ein kleiner, aber sehr dick gefüllter Sack. Dieser dicke Oberleib saß auf kleinen, schwachen Beinchen, die dieser Last nicht gewachsen schienen; aber um so größer waren die Arme, die ihm am Leib herabhingen, sie hatten die Größe wie die eines wohlgewachsenen Mannes. Seine Hände waren grob und braungelb, seine Finger lang und spinnenartig, und wenn er sie recht ausstreckte, konnte er damit auf den Boden reichen, ohne dass er sich bückte. So sah er aus, der kleine Jakob, zum missgestalteten Zwerg war er geworden.

Jetzt gedachte er auch jenes Morgens, an welchem das alte Weib an die Körbe seiner Mutter getreten war. Alles, was er damals an ihr getadelt hatte, die lange Nase, die hässlichen Finger, alles hatte sie ihm angetan, und nur den langen, zitternden Hals hatte sie gänzlich weggelassen.

„Nun, habt Ihr Euch jetzt genug beschaut, mein Prinz?“ sagte der Barbier, indem er zu ihm trat und ihn lachend betrachtete. „Wahrlich, wenn man sich dergleichen träumen lassen wollte, so komisch könnte es einem im Traume nicht vorkommen. Doch ich will Euch einen Vorschlag machen, kleiner Mann. Mein Barbierzimmer ist zwar sehr besucht, aber doch seit neuerer Zeit nicht so, wie ich wünsche. Das kommt daher, weil mein Nachbar, der Barbier Schaum, irgendwo einen Riesen aufgefunden hat, der ihm die Kunden ins Haus lockt. Nun,

ein Riese zu werden, ist gerade keine Kunst; aber so ein Männchen wie Ihr, ja, das ist schon ein ander Ding. Tretet bei mir in Dienste, kleiner Mann. Ihr sollt Wohnung, Essen, Trinken, Kleider, alles sollt Ihr haben. Dafür stellt Ihr Euch morgens unter meine Türe und ladet die Leute ein, hereinzukommen. Ihr schlaget den Seifenschaum, reichet den Kunden das Handtuch und seid versichert, wir stehen uns beide gut dabei. Ich bekomme mehr Kunden als jener mit dem Riesen, und jeder gibt Euch gerne noch ein Trinkgeld."

Der Kleine war in seinem Innern empört über den Vorschlag, als Lockvogel für einen Barbier zu dienen. Aber musste er sich nicht diesen Schimpf geduldig gefallen lassen? Er sagte dem Barbier daher ganz ruhig, dass er nicht Zeit habe zu dergleichen Diensten, und ging weiter.

Hatte das böse alte Weib seine Gestalt unterdrückt, so hatte sie doch seinem Geist nichts anhaben können, das fühlte er wohl, denn er dachte und fühlte nicht mehr, wie er vor sieben Jahren getan. Nein, er glaubte in diesem Zeitraum weiser, verständiger geworden zu sein. Er trauerte nicht um seine verlorene Schönheit, nicht über diese hässliche Gestalt, sondern nur darüber, dass er wie ein Hund von der Türe seines Vaters gejagt wurde.

Darum beschloss er, noch einen Versuch bei seiner Mutter zu machen.

Er trat zu ihr auf den Markt und bat sie, ihm ruhig zuzuhören. Er erinnerte sie an jenen Tag, an welchem er mit dem alten Weibe gegangen, er erinnerte sie an alle einzelnen Vorfälle seiner Kindheit, erzählte ihr dann, wie er sieben Jahre als Eichhörnchen gedient habe bei der Fee und wie sie ihn verwandelte, weil er sie damals getadelt. Die Frau des Schusters wusste nicht, was sie denken sollte. Alles traf zu, was er ihr von seiner Kindheit erzählte; aber wenn er davon sprach, dass er sieben Jahre lang ein Eichhörnchen gewesen sei, da sprach sie: „Es ist unmöglich, und es gibt keine Feen“, und wenn sie ihn ansah, so verabscheute sie den hässlichen Zwerg und glaubte nicht, dass dies ihr Sohn sein könne. Endlich hielt sie es fürs beste, mit ihrem Manne darüber zu sprechen. Sie raffte also ihre Körbe zusammen und hieß ihn mitgehen. So kamen sie zu der Bude des Schusters.

„Sieh einmal“, sprach sie zu diesem, „der Mensch da will unser verlorener Jakob sein. Er hat mir alles erzählt, wie er uns vor sieben Jahren gestohlen wurde und wie er von einer Fee bezaubert worden sei.“ –

„So?“ unterbrach sie der Schuster mit Zorn, „hat er dir dies erzählt? Warte, du Range! Ich habe ihm alles erzählt noch vor einer Stunde, und jetzt geht er hin, dich so zu foppen. Bezaubert bist du worden, mein Söhnchen? Warte doch, ich will dich wieder entzaubern.“ Dabei nahm er ein Bündel Riemen, die er eben zugeschnitten hatte, sprang auf den Kleinen zu und schlug ihn auf den hohen Rücken und auf die langen Arme, dass der Kleine vor Schmerz aufschrie und weinend davonlief.

In jener Stadt gab es, wie überall, wenige mitleidige Seelen, die einen Unglücklichen, der zugleich etwas Lächerliches an sich trägt, unterstützten. Daher kam es, dass der unglückliche Zwerg den ganzen Tag ohne Speise und Trank blieb und abends die Treppen einer Kirche, so hart und kalt sie waren, zum Nachtlager wählen musste.

Als ihn aber am nächsten Morgen die ersten Strahlen der Sonne erweckten, da dachte er ernstlich darüber nach, wie er sein Leben fristen könne, da ihn Vater und Mutter verstoßen. Er fühlte sich zu stolz, um als Aushängeschild eines Barbiers zu dienen, er wollte nicht zu einem Possenreißer sich verdingen und sich um Geld sehen lassen.

Was sollte er anfangen? Da fiel ihm mit einem Mal bei, dass er als Eichhörnchen große Fortschritte in der Kochkunst gemacht habe. Er glaubte nicht mit Unrecht, hoffen zu dürfen, dass er es mit manchem Koch aufnehmen könne. Er beschloss, seine Kunst zu benützen.

Sobald es daher lebhafter wurde auf den Straßen und der Morgen ganz heraufgekommen war, trat er seinen Weg an. Der Herzog, der Herr des Landes, war ein bekannter Schlemmer und Lecker, der eine gute Tafel liebte und seine Köche in allen Weltteilen aufsuchte. Zu seinem Palast begab sich der Kleine.

Als er an die äußerste Pforte kam, fragten die Türhüter nach seinem Begehr und hatten ihren Spott mit ihm. Er aber verlangte nach dem Oberküchenmeister. Sie lachten und führten ihn durch die Vorhöfe zum Aufseher des Palastes.

Der Aufseher erschien und bat den Kleinen ins Haus und fragte nach seinem Begehr. Als er hörte, jener wolle zum Küchenmeister, erwiderte er: „Du irrst dich, mein Söhnchen. Zu mir, dem Aufseher des Hauses, willst du. Du willst Leibzwerg werden beim Herzog. Ist es nicht also?“

„Nein, Herr!“ antwortete der Zwerg. „Ich bin ein geschickter Koch und erfahren in allerlei seltenen Speisen. Wollet mich zum Oberküchenmeister bringen. Vielleicht kann er meine Kunst brauchen.“

„Jeder nach seinem Willen, kleiner Mann. Übrigens bist du doch ein unbesonnener Junge. In die Küche! Als Leibzwerg hättest du keine Arbeit gehabt und Essen und Trinken nach Herzenslust und schöne Kleider. Doch, wir wollen sehen, deine Kochkunst wird schwerlich so weit reichen, als ein Mundkoch des Herren nötig hat, und zum Küchenjungen bist du zu gut.“ Bei diesen Worten nahm ihn der Aufseher des Palastes bei der Hand und führte ihn in die Gemächer des Oberküchenmeisters.

„Gnädiger Herr“, sprach dort der Zwerg und verbeugte sich so tief, dass er mit der Nase den Fußteppich berührte, „brauchet Ihr keinen geschickten Koch?“

Der Oberküchenmeister betrachtete ihn vom Kopf bis zu den Füßen, brach dann in lautes Lachen aus und sprach: „Wie, du ein Koch? Meinst du, unsere Herde seien so niedrig, dass du nur auf einen hinaufschauen kannst, wenn du dich auch auf die Zehen stellst und den Kopf recht aus den Schultern herausarbeitest? Oh, lieber Kleiner! Wer dich zu mir geschickt hat, um dich als Koch zu verdingen, der hat dich zum Narren gehabt.“ So sprach der Oberküchenmeister und lachte weidlich, und mit ihm lachte der Aufseher des Palastes und alle Diener, die im Zimmer waren.

Der Zwerg aber ließ sich nicht aus der Fassung bringen. „Was liegt an einem Ei oder zweien, an ein wenig Sirup und Wein, an Mehl und Gewürzen in einem Hause, wo man dessen genug hat?“ sprach er. „Gebet mir irgendeine leckerhafte Speise zu bereiten auf, schaffet mir, was ich dazu brauche, und sie soll vor Euren Augen schnell bereitet sein, und Ihr sollet sagen müssen: Er ist ein Koch nach Regel und Recht.“ Solche und ähnliche Reden führte der Kleine, und es war wunderlich anzuschauen, wie es dabei aus seinen Äuglein hervorblitzte, wie seine lange Nase sich hin und her schlängelte und seine dünnen Spinnenfinger seine Rede begleiteten.

„Wohlan!“ rief der Küchenmeister und nahm den Aufseher des Palastes unter dem Arme, „wohlan, es sei um des Spaßes willen, lasset uns zur Küche gehen!“ Sie gingen durch mehrere Säle und Gänge und kamen endlich in die Küche. Es war dies ein großes, weitläufiges Gebäude, herrlich eingerichtet. Auf zwanzig Herden brannten beständig Feuer. Ein klares Wasser, das zugleich zum Fischbehälter diente, floss mitten durch sie, in Schränken von Marmor und köst-

lichem Holz waren die Vorräte aufgestellt, die man immer zur Hand haben musste, und zur Rechten und Linken waren zehn Säle, in wel-chen alles aufgespeichert war, was man in allen Ländern von Frankistan und selbst im Morgenlande Köstliches und Leckeres für den Gaumen erfunden. Küchenbediente aller Art liefen umher und rasselten und hantierten mit Kesseln und Pfannen, mit Gabeln und Schaumlöffeln; als aber der Oberküchenmeister in die Küche eintrat, blieben sie alle regungslos stehen, und nur das Feuer hörte man noch knistern und das Bächlein rieseln. „Was hat der Herr heute zum Frühstück befohlen?“ fragte der Meister den ersten Frühstückmacher, einen alten Koch.

„Herr, die dänische Suppe hat er geruht zu befehlen und rote Hamburger Klößchen.“

„Gut“, sprach der Küchenmeister weiter, „hast du gehört, was der Herr speisen will? Getraust du dich, diese schwierigen Speisen zu bereiten? Die Klößchen bringst du auf keinen Fall heraus, das ist ein Geheimnis.“

„Nichts leichter als dies“, erwiderte zu allgemeinem Erstaunen der Zwerg, denn er hatte diese Speisen als Eichhörnchen oft gemacht, „nichts leichter! Man gebe mir zu der Suppe die und die Kräuter, dies und jenes Gewürz, Fett von einem wilden Schwein, Wurzeln und Eier. Zu den Klößchen aber“, sprach er leiser, dass es nur der Küchenmeister und der Frühstückmacher hören konnten, „zu den Klößchen brauche ich viererlei Fleisch, etwas Wein, Entenschmalz, Ingwer und ein gewisses Kraut, das man Magentrost heißt.“

„Ha! Bei St. Benedikt! Bei welchem Zauberer hast du gelernt?“ rief der Koch mit Staunen. „Alles bis auf ein Haar hat er gesagt, und das Kräutlein Magentrost haben wir selbst nicht gewusst. Ja, das muss es noch angenehmer machen. O du Wunder von einem Koch!“

In diesem Augenblick kam der Kammerdiener des Herzogs in die Küche und berichtete, dass der Herr das Frühstück verlange. Die Speisen wurden nun auf silberne Platten gelegt und dem Herzog zugeschickt. Der Oberküchenmeister aber nahm den Kleinen in sein Zimmer und unterhielt sich mit ihm. Kaum waren sie aber halb so lange da, als man ein Paternoster spricht, so kam schon ein Bote und rief den Oberküchenmeister zum Herrn. Er kleidete sich schnell in sein Festkleid und folgte dem Boten.

Der Herzog sah sehr vergnügt aus. Er hatte alles aufgezehrt, was auf den silbernen Platten gewesen war, und wischte sich eben den Bart ab, als der Oberküchenmeister zu ihm eintrat. „Höre, Küchenmeister“, sprach er, „ich bin mit deinen Köchen bisher immer sehr zufrieden gewesen; aber sage mir, wer hat heute mein Frühstück bereitet? So köstlich war es nie, seit ich auf dem Thron meiner Väter sitze. Sage an, wie er heißt der Koch, dass wir ihm einige Dukaten zum Geschenk schicken.“

„Herr, das ist eine wunderbare Geschichte“, antwortete der Oberküchenmeister und erzählte, wie man ihm heute früh einen Zwerg gebracht, der durchaus Koch werden wollte und wie sich dies alles begeben. Der Herzog verwunderte sich höchlich, ließ den Zwerg vor sich rufen und fragte ihn aus, wer er sei und woher er komme. Da konnte nun der arme Jakob freilich nicht sagen, dass er verzaubert worden sei und früher als Eichhörnchen gedient habe. Doch blieb er bei der Wahrheit, indem er erzählte, er sei jetzt ohne Vater und Mutter und habe bei einer alten Frau kochen gelernt. Der Herzog fragte nicht weiter, sondern ergötzte sich an der sonderbaren Gestalt seines neuen Kochs.

„Willst du bei mir bleiben“, sprach er, „so will ich dir jährlich fünfzig Dukaten, ein Festkleid und noch überdies zwei Paar Beinkleider reichen lassen. Dafür musst du aber täglich mein Frühstück selbst bereiten, musst angeben, wie das Mittagessen gemacht werden soll, und überhaupt dich meiner Küche annehmen. Da jeder in meinem Palast seinen eigenen Namen von mir empfängt, so sollst du Nase heißen und die Würde eines Unterküchenmeisters bekleiden."

Der Zwerg Nase fiel nieder vor dem mächtigen Herzog in Frankenland, küsste ihm die Füße und versprach, ihm treu zu dienen.

So war nun der Kleine fürs Erste versorgt, und er machte seinem Amt Ehre. Denn man kann sagen, dass der Herzog ein ganz anderer Mann war, während der Zwerg Nase sich in seinem Hause aufhielt. Sonst hatte es ihm oft beliebt, die Schüsseln oder Platten, die man ihm auftrug, den Köchen an den Kopf zu werfen. Ja, dem Oberküchenmeister selbst warf er im Zorn einmal einen gebackenen Kalbsfuß, der nicht weich genug geworden war, so heftig an die Stirne, dass er umfiel und drei Tage zu Bette liegen musste. Der Herzog machte zwar, was er im Zorn getan, durch einige Hände voll Dukaten wieder gut; aber dennoch war nie ein Koch ohne Zittern und Zagen mit den Speisen zu ihm gekommen. Seit der Zwerg im Hause war, schien alles wie durch Zauber umgewandelt. Der Herr aß jetzt statt dreimal des Tages fünfmal, um sich an der Kunst seines kleinsten Dieners recht zu laben, und dennoch verzog er nie eine Miene zum Unmut. Nein, er fand alles neu, trefflich, war leutselig und angenehm und wurde von Tag zu Tag fetter.

Oft ließ er mitten unter der Tafel den Küchenmeister und den Zwerg Nase rufen, setzte den einen rechts, den andern links zu sich und schob ihnen mit seinen eigenen Fingern einige Bissen der köstlichsten Speisen in den Mund, eine Gnade, welche sie beide wohl zu schätzen wussten.

Der Zwerg war das Wunder der Stadt. Man erbat sich flehentlich Erlaubnis vom Oberküchenmeister, den Zwerg kochen zu sehen, und einige der vornehmsten Männer hatten es so weit gebracht beim Herzog, dass ihre Diener in der Küche beim Zwerg Unterrichtsstunden genießen durften, was nicht wenig Geld eintrug, denn jeder zahlte täglich einen halben Dukaten. Und um die übrigen Köche bei guter Laune zu erhalten und sie nicht neidisch auf ihn zu machen, überließ ihnen Nase dieses Geld, das die Herren für den Unterricht ihrer Köche zahlen mussten.

So lebte Nase beinahe zwei Jahre in äußerlichem Wohlleben und Ehre, und nur der Gedanke an seine Eltern betrübte ihn. So lebte er, ohne etwas Merkwürdiges zu erfahren, bis sich folgender Vorfall ereignete.

Der Zwerg Nase war besonders geschickt und glücklich in seinen Einkäufen. Daher ging er, sooft es ihm die Zeit erlaubte, immer selbst auf den Markt, um Geflügel und Früchte einzukaufen. Eines Morgens ging er auch auf den Gänsemarkt und forschte nach schweren, fetten Gänsen, wie sie der Herr liebte. Er war musternd schon einige Mal auf und ab gegangen. Seine Gestalt, weit entfernt, hier Lachen und Spott zu erregen, gebot Ehrfurcht, denn man erkannte ihn als den berühmten Mundkoch des Herzogs, und jede Gänsefrau fühlte sich glücklich, wenn er ihr die Nase zuwandte.

Da sah er ganz am Ende einer Reihe in einer Ecke eine Frau sitzen, die auch Gänse feil hatte, aber nicht wie die Übrigen ihre Ware anpries und nach Käufern schrie. Zu dieser trat er und maß und wog ihre Gänse. Sie waren, wie er sie wünschte, und er kaufte drei samt dem Käfig, lud sie auf seine breiten Schultern und trat den Rückweg an. Da kam es ihm sonderbar vor, dass nur zwei von diesen Gänsen schnatterten und schrien, wie rechte Gänse zu tun pflegen, die dritte aber ganz still und in sich gekehrt dasaß und Seufzer ausstieß und ächzte wie ein Mensch. „Die ist halb krank“, sprach er vor sich hin,

„ich muss eilen, dass ich sie umbringe und zurichte." Aber die Gans antwortete ganz deutlich und laut:

„Stichst du mich,
so beiß ich dich.
Drückst du mir die Kehle ab,
bring ich dich ins frühe Grab."

Ganz erschrocken setzte der Zwerg Nase seinen Käfig nieder, und die Gans sah ihn mit schönen, klugen Augen an und seufzte. „Ei der Tausend!" rief Nase. „Sie kann sprechen, Jungfer Gans? Das hätte ich nicht gedacht. Na, sei Sie nur nicht ängstlich. Man weiß zu leben und wird einem so seltenen Vogel nicht zu Leibe gehen. Aber ich wollte wetten, Sie ist nicht von jeher in diesen Federn gewesen. War ich ja selbst ein schnödes Eichhörnchen."

„Du hast recht", erwiderte die Gans, „wenn du sagst, ich sei nicht in dieser schmachvollen Hülle geboren worden. Ach, an meiner Wiege wurde es mir nicht gesungen, dass Mimi, des großen Wetterbocks Tochter, in der Küche eines Herzogs getötet werden soll!"

„Sei Sie doch ruhig, liebe Jungfer Mimi", tröstete der Zwerg. „So wahr ich ein ehrlicher Kerl und Unterküchenmeister Seiner Durchlaucht bin, es soll Ihr keiner an die Kehle. Ich will Ihr in meinen eigenen Gemächern einen Stall anweisen, Futter soll Sie genug haben, und meine freie Zeit werde ich Ihrer Unterhaltung widmen. Den übrigen Küchenmenschen werde ich sagen, dass ich eine Gans mit allerlei besonderen Kräutern für den Herzog mäste, und sobald sich Gelegenheit findet, setze ich Sie in Freiheit."

Die Gans dankte ihm mit Tränen. Der Zwerg aber tat, wie er versprochen, schlachtete die zwei andern Gänse, für Mimi aber baute er einen eigenen Stall unter dem Vorwande, sie für den Herzog ganz besonders zuzurichten. Er gab ihr auch kein gewöhnliches Gänsefutter, sondern versah sie mit Backwerk und süßen Speisen. Sooft er freie Zeit hatte, ging er hin, sich mit ihr zu unterhalten und sie zu trösten.

Sie erzählten sich auch gegenseitig ihre Geschichten, und Nase erfuhr auf diesem Wege, dass die Gans eine Tochter des Zauberers Wetterbock sei, der auf der Insel Gotland lebe. Er sei in Streit geraten mit einer alten Fee, die ihn durch Ränke und List überwunden und sie zur Rache in eine Gans verwandelt und weit hinweg bis hierher gebracht habe.

Als der Zwerg Nase ihr seine Geschichte ebenfalls erzählt hatte, sprach sie: „Ich bin nicht unerfahren in diesen Sachen. Mein Vater hat mir und meinen Schwestern einige Anleitung gegeben, soviel er nämlich davon mitteilen durfte.

Die Geschichte mit dem Streit am Kräuterkorb, deine plötzliche Verwandlung, als du an jenem Kräutlein rochst, auch einige Worte der Alten, die du mir sagtest, beweisen mir, dass du auf Kräuter bezaubert bist, das heißt: Wenn du das Kraut auffindest, das sich die Fee bei deiner Verzauberung gedacht hat, so kannst du erlöst werden." Es war dies ein geringer Trost für den Kleinen, denn wo wollte er das Kraut auffinden? Doch dankte er ihr und schöpfte einige Hoffnung.

Um diese Zeit bekam der Herzog einen Besuch von einem benachbarten Fürsten, seinem Freunde. Er ließ daher seinen Zwerg Nase vor sich kommen und sprach zu ihm: „Jetzt ist die Zeit gekommen, wo du mir zeigen musst, ob du mir treu dienst und Meister deiner Kunst bist. Dieser Fürst, der bei mir zu Besuch ist, speist bekanntlich außer mir am besten und ist ein großer Kenner einer feinen Küche und ein weiser Mann. Sorge nun dafür, dass meine Tafel täglich also besorgt werde, dass er immer mehr in Erstaunen gerät. Dabei darfst du, bei meiner Ungnade, solange er da ist, keine Speise zweimal bringen. Dafür kannst du dir von meinem Schatzmeister alles reichen lassen, was du nur brauchst. Und wenn du Gold und Diamanten in Schmalz backen musst, so tu es! Ich will lieber ein armer Mann werden, als erröten vor ihm.“

So sprach der Herzog. Der Zwerg aber sagte, indem er sich anständig verbeugte: „Es sei, wie du sagst, o Herr! So es Gott gefällt, werde ich alles so machen, dass es diesem Fürsten der Gutschmecker wohlgefällt.“

Der kleine Koch suchte nun seine ganze Kunst hervor. Er schonte die Schätze seines Herrn nicht, noch weniger aber sich selbst. Denn man sah ihn den ganzen Tag in eine Wolke von Rauch und Feuer eingehüllt, und seine Stimme hallte beständig durch das Gewölbe der Küche, denn er befahl als Herrscher den Küchenjungen und niederen Köchen.

Der fremde Fürst war schon vierzehn Tage beim Herzog und lebte herrlich und in Freuden. Sie speisten des Tages nicht weniger als fünfmal, und der Herzog war zufrieden mit der Kunst des Zwerges, denn er sah Zufriedenheit auf der Stirne seines Gastes. Am fünfzehnten Tage aber begab es sich, dass der Herzog den Zwerg zur Tafel rufen ließ, ihn seinem Gast, dem Fürsten, vorstellte und diesen fragte, wie er mit dem Zwerg zufrieden sei.

„Du bist ein wunderbarer Koch“, antwortete der fremde Fürst, „und weißt, was anständig essen heißt. Du hast in der ganzen Zeit, dass ich hier bin, nicht eine einzige Speise wiederholt und alles trefflich bereitet. Aber sage mir doch, warum bringst du so lange nicht die Königin der Speisen, die Pastete Souzeraine?“

Der Zwerg war sehr erschrocken, denn er hatte von dieser Pastetenkönigin nie gehört; doch fasste er sich und antwortete: „O Herr!

Noch lange, hoffte ich, sollte dein Angesicht leuchten an diesem Hoflager, darum wartete ich mit dieser Speise, denn womit sollte dich denn der Koch begrüßen am Tage des Scheidens als mit der Königin der Pasteten?“

„So?“ entgegnete der Herzog lachend. „Und bei mir wolltest du wohl warten bis an meinen Tod, um mich dann noch zu begrüßen? Denn auch mir hast du die Pastete noch nie vorgesetzt. Doch, denke auf einen andern Scheidegruß, denn morgen musst du die Pastete auf die Tafel setzen.“

„Es sei, wie du sagst, Herr!“ antwortete der Zwerg und ging. Aber er ging nicht vergnügt, denn der Tag seiner Schande und seines Unglücks war gekommen. Er wusste nicht, wie er die Pastete machen sollte. Er ging daher in seine Kammer und weinte über sein Schicksal. Da trat die Gans Mimi, die in seinem Gemach umhergehen durfte, zu ihm und fragte ihn nach der Ursache seines Jammers. „Stille deine Tränen“, antwortete sie, als sie von der Pastete Souzeraine gehört, „dieses Gericht kam oft auf meines Vaters Tisch, und ich weiß ungefähr, was man dazu braucht. Du nimmst dies und jenes, so und soviel, und wenn es auch nicht durchaus alles ist, was eigentlich dazu nötig, die Herren werden keinen so feinen Geschmack haben.“ So sprach Mimi. Der Zwerg aber sprang auf vor Freuden, segnete den Tag, an welchem er die Gans gekauft hatte, und schickte sich an, die Königin der Pasteten zuzurichten. Er machte zuerst einen kleinen Versuch, und siehe, es schmeckte trefflich, und der Oberküchenmeister, dem er davon zu kosten gab, pries aufs Neue seine ausgebreitete Kunst.

Den andern Tag setzte er die Pastete in größerer Form auf und schickte sie warm, wie sie aus dem Ofen kam, nachdem er sie mit Blumenkränzen geschmückt hatte, auf die Tafel. Er selbst aber zog sein

bestes Festkleid an und ging in den Speisesaal. Als er eintrat, war der Obervorschneider gerade damit beschäftigt, die Pastete zu zerschneiden und auf einem silbernen Schäufelein dem Herzog und seinem Gaste hinzureichen. Der Herzog tat einen tüchtigen Biss hinein, schlug die Augen auf zur Decke und sprach, nachdem er geschluckt hatte: „Ah! Ah! Ah! Mit Recht nennt man dies die Königin der Pasteten; aber mein Zwerg ist auch der König aller Köche! Nicht also, lieber Freund?“

Der Gast nahm einige kleine Bissen zu sich, kostete und prüfte aufmerksam und lächelte dabei höhnisch und geheimnisvoll. „Das Ding ist recht artig gemacht“, antwortete er, indem er den Teller hinwegrückte, „aber die Souzeraine ist es denn doch nicht ganz. Das habe ich mir wohl gedacht.“

Da runzelte der Herzog vor Unmut die Stirne und errötete vor Beschämung. „Hund von einem Zwerg!“ rief er, „wie wagst du es, deinem Herrn dies anzutun? Soll ich dir deinen großen Kopf abhacken lassen zur Strafe für deine schlechte Kocherei?“

„Ach Herr! Um des Himmels willen, ich habe das Gericht doch zubereitet nach den Regeln der Kunst, es kann gewiss nichts fehlen!“ so sprach der Zwerg und zitterte.

„Es ist eine Lüge, du Bube!“ erwiderte der Herzog und stieß ihn mit dem Fuße von sich. „Mein Gast würde sonst nicht sagen, es fehlt etwas. Dich selbst will ich zerhacken und backen lassen in eine Pastete!“

„Habt Mitleiden!“ rief der Kleine und rutschte auf den Knien zu dem Gast, dessen Füße er umfasste. „Saget, was fehlt in dieser Speise, dass sie Eurem Gaumen nicht zusagt? Lasset mich nicht sterben wegen einer Hand voll Fleisch und Mehl.“

„Das wird dir wenig helfen, mein lieber Nase“, antwortete der Fremde mit Lachen, „das habe ich mir schon gestern gedacht, dass du

diese Speise nicht machen kannst wie mein Koch. Wisse, es fehlt ein Kräutlein, das man hierzulande gar nicht kennt, das Kraut Niesmitlust. Ohne dieses bleibt die Pastete ohne Würze, und dein Herr wird sie nie essen wie ich."

Da geriet der Herrscher in Frankistan in Wut. „Und doch werde ich sie essen", rief er mit funkelnden Augen. „Denn ich schwöre auf meine fürstliche Ehre: Entweder zeige ich Euch morgen die Pastete, wie Ihr sie verlangt – oder den Kopf dieses Burschen, aufgespießt auf dem Tor meines Palastes. Gehe, du Hund, noch einmal gebe ich dir vierundzwanzig Stunden Zeit."

So rief der Herzog. Der Zwerg aber ging wieder weinend in sein Kämmerlein und klagte der Gans sein Schicksal und dass er sterben müsse, denn von dem Kraut habe er nie gehört. „Ist es nur dies", sprach sie, „da kann ich dir schon helfen, denn mein Vater lehrte mich alle Kräuter kennen. Wohl wärest du vielleicht zu einer andern Zeit des Todes gewesen; aber glücklicherweise ist es gerade Neumond, und um diese Zeit blüht das Kräutlein. Doch, sage an, sind alte Kastanienbäume in der Nähe des Palastes?"

„O ja!" erwiderte Nase mit leichterem Herzen, „am See, zweihundert Schritte vom Haus, steht eine ganze Gruppe, doch warum diese?"

„Nur am Fuße alter Kastanien blüht das Kräutlein", sagte Mimi. „Darum lass uns keine Zeit versäumen und suchen, was du brauchst. Nimm mich auf deinen Arm und setze mich im Freien nieder. Ich will es dir suchen."

Er tat, wie sie gesagt, und ging mit ihr zur Pforte des Palastes. Dort aber streckte der Türhüter das Gewehr vor und sprach: „Mein guter Nase, mit dir ist's vorbei. Aus dem Hause darfst du nicht, ich habe den strengsten Befehl darüber."

„Aber in den Garten kann ich doch wohl gehen?“ erwiderte der Zwerg. „Sei so gut und schicke einen deiner Gesellen zum Aufseher des Palastes und frage, ob ich nicht in den Garten gehen und Kräuter suchen dürfe?“ Der Türhüter tat also, und es wurde erlaubt, denn der Garten hatte hohe Mauern, und es war an kein Entkommen daraus zu denken.

Als aber Nase mit der Gans Mimi ins Freie gekommen war, setzte er sie behutsam nieder, und sie ging schnell vor ihm her zum See zu, wo die Kastanien standen. Er folgte ihr nur mit beklommenem Herzen, denn es war ja seine letzte, einzige Hoffnung. Fand sie das Kräutlein nicht, so stand sein Entschluss fest: Er stürzte sich dann lieber in den See, als dass er sich köpfen ließ. Die Gans suchte aber vergebens, sie wandelte unter allen Kastanien, sie wandte mit dem Schnabel jedes Gräschen um, es wollte sich nichts zeigen, und sie fing aus Mitleid und Angst an zu weinen, denn schon wurde der Abend dunkler und die Gegenstände umher schwerer zu erkennen.

Da fielen die Blicke des Zwerges über den See hin, und plötzlich rief er: „Siehe, siehe, dort über dem See steht noch ein großer, alter Baum. Lass uns dort hingehen und suchen, vielleicht blüht dort mein Glück.“ Die Gans hüpfte und flog voran, und er lief nach, so schnell seine kleinen Beine konnten. Der Kastanienbaum warf einen großen Schatten, und es war dunkel umher, fast war nichts mehr zu erkennen; aber da blieb plötzlich die Gans stillestehen, schlug vor Freuden mit den Flügeln, fuhr dann schnell mit dem Kopf ins hohe Gras und pflückte etwas ab, das sie dem erstaunten Nase zierlich mit dem Schnabel überreichte, und sprach: „Das ist das Kräutlein, und hier wächst eine Menge davon, sodass es dir nie daran fehlen kann.“

Der Zwerg betrachtete das Kraut sinnend. Ein süßer Duft strömte ihm daraus entgegen, der ihn unwillkürlich an die Szene seiner Verwandlung erinnerte. Die Stängel, die Blätter waren bläulichgrün, sie trugen eine brennend rote Blume mit gelbem Rande.

„Gelobt sei Gott!“ rief er endlich aus. „Welches Wunder! Wisse, ich glaube, es ist dies dasselbe Kraut, das mich aus einem Eichhörnchen in diese schändliche Gestalt umwandelte. Soll ich den Versuch machen?“

„Noch nicht“, bat die Gans. „Nimm von diesem Kraut eine Hand voll mit dir, lass uns auf dein Zimmer gehen und dein Geld und was du sonst hast, zusammenraffen, und dann wollen wir die Kraft des Krautes versuchen!“

Sie taten also und gingen auf seine Kammer zurück, und das Herz des Zwerges pochte hörbar vor Erwartung. Nachdem er fünfzig oder sechzig Dukaten, die er erspart hatte, einige Kleider und Schuhe zusammen in ein Bündel geknüpft hatte, sprach er: „So es Gott gefällig ist, werde ich diese Bürde loswerden“, steckte seine Nase tief in die Kräuter und sog ihren Duft ein.

Da zog und knackte es in allen seinen Gliedern, er fühlte, wie sich sein Kopf aus den Schultern hob, er schielte herab auf seine Nase und sah sie kleiner und kleiner werden, sein Rücken und seine Brust ringen an, sich zu ebnen, und seine Beine wurden länger.

Die Gans sah mit Erstaunen diesem allen zu. „Ha, was du groß, was du schön bist!“ rief sie. „Gott sei gedankt, es ist nichts mehr an dir von allem, was du vorher warst!“ Da freute sich Jakob sehr. Aber seine Freude ließ ihn nicht vergessen, welchen Dank er der Gans Mimi schuldig sei. Zwar drängte ihn sein Herz, zu seinen Eltern zu gehen; doch besiegte er aus Dankbarkeit diesen Wunsch und sprach: „Wem anders als dir habe ich es zu danken, dass ich mir selbst wiedergeschenkt bin? Ohne dich hätte ich dieses Kraut nimmer gefunden, hätte also ewig in jener Gestalt bleiben oder vielleicht gar unter dem Beile des Henkers sterben müssen. Wohlan, ich will es dir vergelten. Ich will dich zu deinem Vater bringen. Er, der so erfahren ist in jedem Zauber, wird dich leicht entzaubern können.“ Die Gans vergoss Freudentränen und nahm sein Anerbieten an. Jakob kam glücklich und unerkannt mit der Gans aus dem Palast und machte sich auf den Weg nach dem Meeresstrand, Mimis Heimat zu.

Was soll ich noch weiter erzählen, dass sie ihre Reise glücklich vollendeten, dass Wetterbock seine Tochter entzauberte und den Jakob, mit Geschenken beladen, entließ, dass er in seine Vaterstadt zurückkam und dass seine Eltern in dem schönen jungen Mann mit Vergnügen ihren verlorenen Sohn erkannten, dass er von den Geschenken, die er von Wetterbock mitbrachte, sich einen Laden kaufte und reich und glücklich wurde?

Nur so viel will ich noch sagen, dass nach seiner Entfernung aus dem Palaste des Herzogs große Unruhe entstand. Denn als am andern Tage der Herzog seinen Schwur erfüllen und dem Zwerg, wenn er die Kräuter nicht gefunden hätte, den Kopf abschlagen lassen wollte, war er nirgends zu finden. Der Fürst behauptete, der Herzog habe ihn heimlich entkommen lassen, um sich nicht seines besten Kochs zu berauben, und klagte ihn an, dass er wortbrüchig sei. Dadurch entstand denn ein großer Krieg zwischen beiden Fürsten, der in der Geschichte unter dem Namen „Kräuterkrieg“ wohl bekannt ist. Es wurde manche Schlacht geschlagen, aber am Ende doch Friede gemacht, und diesen Frieden nennt man bei uns den „Pastetenfrieden“, weil beim Versöhnungsfest durch den Koch des Fürsten die Souzeraine, die Königin der Pasteten, zubereitet wurde, welche sich der Herr Herzog trefflich schmecken ließ.

Die Errettung Fatmes

Mein Bruder Mustapha und meine Schwester Fatme waren beinahe in gleichem Alter, jener hatte höchstens zwei Jahre voraus. Sie liebten einander innig und trugen vereint alles bei, was unserem kränklichen Vater die Last seines Alters erleichtern konnte. An Fatmes sechzehntem Geburtstage veranstaltete der Bruder ein Fest. Er ließ alle ihre Gespielinnen einladen, setzte ihnen in dem Garten des Vaters ausgesuchte Speisen vor, und als es Abend wurde, lud er sie ein, auf einer Barke, die er gemietet und festlich geschmückt hatte, ein wenig in die See zu fahren. Fatme und ihre Gespielinnen willigten mit Freuden ein. Denn der Abend war schön, und die Stadt gewährte beson-

ders abends, von dem Meere aus betrachtet, einen herrlichen Anblick. Den Mädchen aber gefiel es so gut auf der Barke, dass sie meinen Bruder bewogen, immer weiter in die See hinauszufahren. Mustapha gab aber ungern nach, weil sich vor einigen Tagen ein Korsar hatte sehen lassen. Nicht weit von der Stadt zieht sich ein Vorgebirge in das Meer. Dorthin wollten noch die Mädchen, um von da die Sonne in das Meer sinken zu sehen. Als sie um das Vorgebirge herumruderten, sahen sie in geringer Entfernung eine Barke, die mit Bewaffneten besetzt war. Nichts Gutes ahnend, befahl mein Bruder den Ruderern, das Schiff zu drehen und dem Lande zuzurudern. Wirklich schien sich auch seine Besorgnis zu bestätigen, denn jene Barke kam der meines Bruders schnell nach, überholte sie, da sie mehr Ruder hatte, und hielt sich immer zwischen dem Land und unserer Barke. Die Mädchen aber, als sie die Gefahr erkannten, in der sie schwebten, sprangen auf und schrien und klagten. Umsonst suchte sie Mustapha zu beruhigen, umsonst stellte er ihnen vor, ruhig zu bleiben, weil sie durch ihr Hin- und Herrennen die Barke in Gefahr bringen umzuschlagen. Es half nichts, und da sie sich endlich bei Annäherung des andern Bootes alle auf die hintere Seite der Barke stürzten, schlug diese um. Indessen aber hatte man vom Land aus die Bewegungen des fremden Bootes beobachtet, und da man schon seit einiger Zeit Besorgnisse wegen Korsaren hegte, hatte dieses Boot Verdacht erregt, und mehrere Barken stießen vom Lande, um den Unsrigen beizustehen. Aber sie kamen nur noch zu rechter Zeit, um die Untersinkenden aufzunehmen.

In der Verwirrung war das feindliche Boot entwischt, auf den beiden Barken aber, welche die Geretteten aufgenommen hatten, war man ungewiss, ob alle gerettet seien. Man näherte sich gegenseitig, und ach, es fand sich, dass meine Schwester und eine ihrer Gespielinnen fehlten. Zugleich entdeckte man aber einen Fremden in einer der Barken, den niemand kannte. Auf die Drohungen Mustaphas gestand er, dass er zu dem feindlichen Schiff, das zwei Meilen ostwärts vor Anker liege, gehöre, und dass ihn seine Gefährten auf ihrer eiligen Flucht im Stich gelassen haben, indem er im Begriff gewesen sei, die Mädchen auffischen zu helfen; auch sagte er aus, dass er gesehen habe, wie man zwei derselben in das Schiff gezogen.

Der Schmerz meines alten Vaters war grenzenlos; aber auch Mustapha war bis zum Tod betrübt, denn nicht nur, dass seine geliebte Schwester verloren war und dass er sich anklagte, an ihrem Unglück schuld zu sein – jene Freundin Fatmes, die ihr Unglück teilte, war von ihren Eltern ihm zur Gattin zugesagt gewesen, und nur unserem Vater hatte er es noch nicht zu gestehen gewagt, weil ihre Eltern arm und von geringer Abkunft waren. Mein Vater aber war ein strenger Mann.

Als sein Schmerz sich ein wenig gelegt hatte, ließ er Mustapha vor sich kommen und sprach zu ihm: „Deine Torheit hat mir den Trost meines Alters und die Freude meiner Augen geraubt. Gehe hin, ich verbanne dich auf ewig von meinem Angesicht, ich fluche dir und deinen Nachkommen, und nur, wenn du mir Fatme wiederbringst, soll dein Haupt rein sein von dem Fluche des Vaters.“ Dies hatte mein armer Bruder nicht erwartet. Schon vorher hatte er sich entschlossen gehabt, seine Schwester und ihre Freundin aufzusuchen, und wollte sich nur noch den Segen des Vaters dazu erbitten, und jetzt schickte er ihn, mit dem Fluch beladen, in die Welt. Aber hatte ihn jener Jammer vorher gebeugt, so stählte jetzt die Fülle des Unglücks, das er nicht verdient hatte, seinen Mut.

Er ging zu dem gefangenen Seeräuber und befragte ihn, wohin die

Fahrt seines Schiffes ginge, und erfuhr, dass sie Sklavenhandel treiben und gewöhnlich in Balsora großen Markt hielten.

Als er wieder nach Hause kam, um sich zur Reise anzuschicken, schien sich der Zorn des Vaters ein wenig gelegt zu haben, denn er sandte ihm einen Beutel mit Gold zur Unterstützung auf der Reise. Mustapha aber nahm weinend von den Eltern Zoraidens, so hieß seine geraubte Braut, Abschied und machte sich auf den Weg nach Balsora.

Mustapha machte die Reise zu Land, weil von unserer kleinen Stadt aus nicht gerade ein Schiff nach Balsora ging. Er musste daher sehr starke Tagereisen machen, um nicht zu lange nach den Seeräubern nach Balsora zu kommen; doch da er ein gutes Ross und kein Gepäck hatte, konnte er hoffen, diese Stadt am Ende des sechsten Tages zu erreichen. Aber am Abend des vierten Tages, als er ganz allein seines Weges ritt, fielen ihn plötzlich drei Männer an. Da er merkte, dass sie gut bewaffnet und stark seien und dass es mehr auf sein Geld und sein Ross als auf sein Leben abgesehen war, so rief er ihnen zu, dass er sich ihnen ergeben wolle. Sie stiegen von ihren Pferden ab und banden ihm die Füße unter dem Bauch seines Tieres zusammen. Ihn selbst aber nahmen sie in die Mitte und trabten, indem einer den Zügel seines Pferdes ergriff, schnell mit ihm davon, ohne jedoch ein Wort zu sprechen.

Mustapha gab sich einer dumpfen Verzweiflung hin. Der Fluch seines Vaters schien schon jetzt an dem Unglücklichen in Erfüllung zu gehen, und wie konnte er hoffen, seine Schwester und Zoraiden zu retten, wenn er, aller Mittel beraubt, nur sein ärmliches Leben zu ihrer Befreiung aufwenden konnte. Mustapha und seine stummen Begleiter mochten wohl eine Stunde geritten sein, als sie in ein kleines Seitental einbogen. Das Tälchen war von hohen Bäumen eingefasst. Ein wei-

cher dunkelgrüner Rasen, ein Bach, der schnell durch seine Mitte hinrollte, luden zur Ruhe ein. Wirklich sah er auch fünfzehn bis zwanzig Zelte dort aufgeschlagen. An den Pflöcken der Zelte waren Kamele und schöne Pferde angebunden, aus einem der Zelte hervor tönte die lustige Weise einer Zither und zweier schöner Männerstimmen. Meinem Bruder schien es, als ob Leute, die ein so fröhliches Lagerplätzchen sich erwählt hatten, nichts Böses gegen ihn im Sinne haben könnten, und er folgte also ohne Bangigkeit dem Ruf seiner Führer, die, als sie seine Bande gelöst hatten, ihm winkten, abzusteigen. Man führte ihn in ein Zelt, das größer als die Übrigen und im Innern hübsch, fast zierlich aufgeputzt war. Prächtige, goldgestickte Polster, gewirkte Fußteppiche, übergoldete Rauchpfannen hätten anderswo Reichtum und Wohlleben verraten, hier schienen sie nur kühner Raub. Auf einem der Polster saß ein alter kleiner Mann. Sein Gesicht war hässlich, seine Haut schwarzbraun und glänzend, und ein widriger Zug von tückischer Schlauheit um Augen und Mund machten seinen Anblick verhasst. Obgleich sich dieser Mann einiges Ansehen zu geben suchte, so merkte doch Mustapha bald, dass nicht für ihn das Zelt so reich geschmückt sei, und die Unterredung seiner Führer schien seine Bemerkung zu bestätigen.

„Wo ist der Starke?“ fragten sie den Kleinen.

„Er ist auf der kleinen Jagd“, antwortete jener, „aber er hat mir aufgetragen, seine Stelle zu versehen.“

„Das hat er nicht gescheit gemacht“, entgegnete einer der Räuber, „denn es muss sich bald entscheiden, ob dieser Hund sterben oder zahlen soll, und das weiß der Starke besser als du.“

Der kleine Mann erhob sich im Gefühl seiner Würde, streckte sich lang aus, um mit der Spitze seiner Hand das Ohr seines Gegners zu erreichen, denn er schien Lust zu haben, sich durch einen Schlag zu

rächen. Als er aber sah, dass seine Bemühung fruchtlos sei, fing er an zu schimpfen (und wahrlich, die andern blieben ihm nichts schuldig), dass das Zelt von ihrem Streit erdröhnte. Da tat sich auf einmal die Türe des Zeltes auf, und herein trat ein hoher, stattlicher Mann, jung und schön wie ein Perserprinz. Seine Kleidung und seine Waffen waren, außer einem reichbesetzten Dolch und einem glänzenden Säbel, gering und einfach; aber sein ernstes Auge, sein ganzer Anstand gebot Achtung, ohne Furcht einzuflößen.

„Wer ist‘s, der es wagt, in meinem Zelte Streit zu beginnen?" rief er den Erschrockenen zu. Eine Zeit lang herrschte tiefe Stille. Endlich erzählte einer von denen, die Mustapha hergebracht hatten, wie es gegangen sei. Da schien sich das Gesicht „des Starken", wie sie ihn nannten, vor Zorn zu röten. „Wann hätte ich dich je an meine Stelle gesetzt, Hassan?" schrie er mit furchtbarer Stimme dem Kleinen zu. Dieser zog sich vor Furcht in sich selbst zusammen, dass er noch viel kleiner aussah als zuvor, und schlich sich der Zelttüre zu. Ein hinlänglicher Tritt des Starken machte, dass er in einem großen, sonderbaren Sprung zur Zelttüre hinausflog.

Als der Kleine verschwunden war, führten die drei Männer Mustapha vor den Herrn des Zeltes, der sich indes auf die Polster gelegt hatte. „Hier bringen wir den, welchen du uns zu fangen befohlen hast."

Jener blickte den Gefangenen lange an und sprach sodann: „Bassa von Sulieika! Dein eigenes Gewissen wird dir sagen, warum du vor Orbasan stehst."

Als mein Bruder dies hörte, warf er sich nieder vor jenem und antwortete: „O Herr! Du scheinst im Irrtum zu sein. Ich bin ein armer Unglücklicher, aber nicht der Bassa, den du suchst!"

Alle im Zelt waren über diese Rede erstaunt. Der Herr des Zeltes

aber sprach: „Es kann dir wenig helfen, dich zu verstellen, denn ich will dir Leute vorführen, die dich wohl kennen."

Er befahl, Zuleima vorzuführen. Man brachte ein altes Weib in das Zelt, das auf die Frage, ob sie in meinem Bruder nicht den Bassa von Sulieika erkenne, antwortete: „Jawohl!"

Und sie schwöre es beim Grab des Propheten, es sei der Bassa und kein anderer.

„Siehst du, Erbärmlicher, wie deine List zu Wasser geworden ist?" begann zürnend der Starke. „Du bist mir zu elend, als dass ich meinen guten Dolch mit deinem Blut besudeln sollte; aber an den Schweif meines Rosses will ich dich binden, morgen, wenn die Sonne aufgeht, und durch die Wälder mit dir jagen, bis sie scheidet hinter die Hügel von Sulieika!"

Da sank meinem armen Bruder der Mut. „Das ist der Fluch meines harten Vaters, der mich zum schmachvollen Tode treibt", rief er weinend, „und auch du bist verloren, süße Schwester, auch du, Zoraide!"

„Deine Verstellung hilft dir nichts", sprach einer der Räuber, indem er ihm die Hände auf den Rücken band, „mach, dass du aus dem Zelte kommst! Denn der Starke beißt sich in die Lippen und blickt nach seinem Dolch. Wenn du noch eine Nacht leben willst, so komm!"

Als die Räuber gerade meinen Bruder aus dem Zelt führen wollten, begegneten sie drei andern, die einen Gefangenen vor sich hintrieben. Sie traten mit ihm ein.

„Hier bringen wir den Bassa, wie du uns befohlen hast", sprachen sie und führten den Gefangenen vor das Polster des Starken. Als der Gefangene dorthin geführt wurde, hatte mein Bruder Gelegenheit, ihn zu betrachten, und ihm selbst fiel die Ähnlichkeit auf, die dieser Mann mit ihm hatte. Nur war er dunkler im

Gesicht und hatte einen schwärzeren Bart. Der Starke schien sehr erstaunt über die Erscheinung des zweiten Gefangenen. „Wer von euch ist denn der Rechte?“ sprach er, indem er bald meinen Bruder, bald den andern Mann ansah. „Wenn du den Bassa von Sulieika meinst“, antwortete in stolzem Ton der Gefangene, „der bin ich!“ Der Starke sah ihn lange mit seinem ernsten, furchtbaren Blick an, dann winkte er schweigend, den Bassa wegzuführen. Als dies geschehen war, ging er auf meinen Bruder zu, zerschnitt seine Bande mit dem Dolch und winkte ihm, sich zu ihm aufs Polster zu setzen. „Es tut mir leid, Fremdling“, sagte er, „dass ich dich für jenes Ungeheuer hielt. Schreibe es aber einer sonderbaren Fügung des Himmels zu, die dich gerade in der Stunde, welche dem Untergang jenes Verruchten geweiht war, in die Hände meiner Brüder führte.“ Mein Bruder bat ihn um die einzige Gunst, ihn gleich wieder Weiterreisen zu lassen, weil jeder Aufschub ihm verderblich werden könne. Der Starke erkundigte sich nach seinen eiligen Geschäften, und als ihm Mustapha alles erzählt hatte, überredete ihn jener, diese Nacht in seinem Zelt zu bleiben, er und sein Roß werden der Ruhe bedürfen. Den folgenden Tag aber wolle er ihm einen Weg zeigen, der ihn in anderthalb Tagen nach Balsora bringe. Mein Bruder schlug ein, wurde trefflich bewirtet und schlief sanft bis zum Morgen in dem Zelt des Räubers.

Als er aufgewacht war, sah er sich ganz allein im Zelt. Vor dem Vorhang des Zeltes aber hörte er mehrere Stimmen zusammen sprechen, die dem Herrn des Zeltes und dem kleinen schwarzbraunen Mann anzugehören schienen. Er lauschte ein wenig und hörte zu seinem Schrecken, dass der Kleine dringend den andern aufforderte, den Fremden zu töten, weil er, wenn er freigelassen würde, sie alle verraten könnte.

Mustapha merkte gleich, dass der Kleine ihm gram sei, weil er Ursache war, dass er gestern so übel behandelt wurde. Der Starke schien sich einige Augenblicke zu besinnen. „Nein“, sprach er, „er ist mein Gastfreund, und das Gastrecht ist mir heilig; auch sieht er mir nicht aus, als ob er uns verraten wollte.“

Als er so gesprochen, schlug er den Vorhang zurück und trat ein. „Friede sei mit dir, Mustapha!“ sprach er. „Lass uns den Morgentrunk kosten und rüste dich dann zum Aufbruch!“ Er reichte meinem Bruder einen Becher Sorbet, und als sie getrunken hatten, zäumten sie die Pferde auf, und wahrlich, mit leichterem Herzen, als er gekommen war, schwang sich Mustapha aufs Pferd. Sie hatten bald die Zelte im Rücken und schlugen dann einen breiten Pfad ein, der in den Wald führte.

Der Starke erzählte meinem Bruder, dass jener Bassa, den sie auf der Jagd gefangen hätten, ihnen versprochen habe, sie ungefährdet in seinem Gebiet zu dulden. Vor einigen Wochen aber habe er einen ihrer tapfersten Männer aufgefangen und nach den schrecklichsten Martern aufhängen lassen. Er habe ihm nun lange auflauern lassen, und heute noch müsse er sterben. Mustapha wagte es nicht, etwas dagegen einzuwenden, denn er war froh, selbst mit heiler Haut davongekommen zu sein.

Am Ausgang des Waldes hielt der Starke sein Pferd an, beschrieb meinem Bruder den Weg, bot ihm die Hand zum Abschied und sprach: „Mustapha, du bist auf sonderbare Weise der Gastfreund des Räubers Orbasan geworden. Ich will dich nicht auffordern, nicht zu verraten, was du gesehen und gehört hast. Du hast ungerechterweise Todesangst ausgestanden, und ich bin dir Vergütung schuldig. Nimm diesen Dolch als Andenken, und so du Hilfe brauchst, so sende ihn mir zu, und ich will eilen, dir beizustehen. Diesen Beutel aber kannst du vielleicht zu deiner Reise brauchen."

Mein Bruder dankte ihm für seinen Edelmut. Er nahm den Dolch, den Beutel aber schlug er aus. Doch Orbasan drückte ihm noch einmal die Hand, ließ den Beutel auf die Erde fallen und sprengte mit Sturmeseile in den Wald.

Als Mustapha sah, dass er ihn doch nicht mehr werde einholen können, stieg er ab, um den Beutel aufzuheben, und erschrak über die Größe von seines Gastfreundes Großmut. Denn der Beutel enthielt eine Menge Goldes.

Er dankte Allah für seine Rettung, empfahl ihm den edlen Räuber in seine Gnade und zog dann heiteren Mutes weiter auf seinem Wege nach Balsora.

Am Mittag des siebenten Tages nach seiner Abreise zog Mustapha in die Tore von Balsora ein. Sobald er in einer Karawanserei abgestiegen war, fragte er, wann der Sklavenmarkt, der alljährlich hier gehalten werde, anfange. Aber er erhielt die Schreckensantwort, dass er zwei Tage zu spät komme. Man bedauerte seine Verspätung und erzählte ihm, dass er viel verloren habe, denn noch an dem letzten Tage des Marktes seien zwei Sklavinnen angekommen, von so hoher Schönheit, dass sie die Augen aller Käufer auf sich gezogen hätten. Man habe sich ordentlich um sie gerissen und geschlagen, und sie seien freilich auch zu einem so hohen Preise verkauft worden, dass ihn nur ihr jetziger Herr nicht habe scheuen können. Er erkundigte sich näher nach diesen beiden, und es blieb ihm kein Zweifel, dass es die Unglücklichen seien, die er suche. Auch erfuhr er, dass der Mann, der sie beide gekauft habe, vierzig Stunden von Balsora wohne und Thiuli-Kos heiße, ein vornehmer, reicher, aber schon ältlicher Mann, der früher Kapudan-Bassa des Großherrn gewesen,

jetzt aber sich mit seinen gesammelten Reichtümern zur Ruhe gesetzt habe.

Mustapha wollte von Anfang sich gleich wieder zu Pferd setzen, um dem Thiuli-Kos, der kaum einen Tag Vorsprung haben konnte, nachzueilen. Als er aber bedachte, dass er als einzelner Mann dem mächtigen Reisenden doch nichts anhaben, noch weniger seine Beute ihm abjagen konnte, sann er auf einen andern Plan und hatte ihn auch bald gefunden. Die Verwechslung mit dem Bassa von Sulieika, die ihm beinahe so gefährlich geworden wäre, brachte ihn auf den Gedanken, unter diesem Namen in das Haus des Thiuli-Kos zu gehen und so einen Versuch zur Rettung der beiden unglücklichen Mädchen zu wagen. Er mietete daher einige Diener und Pferde, wobei ihm Orbasans Geld trefflich zustatten kam, schaffte sich und seinen Dienern prächtige Kleider an und machte sich auf den Weg nach dem Schlosse Thiulis.

Nach fünf Tagen war er in die Nähe dieses Schlosses gekommen. Es lag in einer schönen Ebene und war rings von hohen Mauern umschlossen, die nur ganz wenig von den Gebäuden überragt wurden. Als Mustapha dort angekommen war, färbte er Haar und Bart schwarz, sein Gesicht aber bestrich er mit dem Saft einer Pflanze, die ihm eine bräunliche Farbe gab, ganz wie sie jener Bassa gehabt hatte. Er schickte hierauf einen seiner Diener in das Schloss und ließ im Namen des Bassa von Sulieika um ein Nachtlager bitten. Der Diener kam bald wieder und mit ihm vier schöngekleidete Sklaven, die Mustaphas Pferd am Zügel nahmen und in den Schlosshof führten. Dort halfen sie ihm selbst vom Pferd, und vier andere geleiteten ihn eine breite Marmortreppe hinauf zu Thiuli.

Dieser, ein alter, lustiger Geselle, empfing meinen Bruder ehrerbietig und ließ ihm das Beste, was sein Koch zubereiten konnte, aufsetzen. Nach Tisch brachte Mustapha das Gespräch nach und nach auf die neuen Sklavinnen, und Thiuli rühmte ihre Schönheit und beklagte nur, dass sie immer so traurig seien; doch er glaubte, dieses würde sich bald geben. Mein Bruder war sehr vergnügt über diesen Empfang und legte sich mit den schönsten Hoffnungen zur Ruhe nieder.

Er mochte ungefähr eine Stunde geschlafen haben, da weckte ihn der Schein einer Lampe, der blendend auf sein Auge fiel. Als er sich aufrichtete, glaubte er noch zu träumen, denn vor ihm stand jener kleine schwarzbraune Kerl aus Orbasans Zelt, eine Lampe in der Hand, sein breites Maul zu einem widrigen Lächeln verzogen. Mustapha zwickte sich in den Arm, zupfte sich an der Nase, um sich zu überzeugen, ob er denn wache; aber die Erscheinung blieb wie zuvor. „Was willst du an meinem Bette?“ rief Mustapha, als er sich von seinem Erstaunen erholt hatte.

„Bemühet Euch doch nicht so, Herr!“ sprach der Kleine. „Ich habe wohl erraten, weswegen Ihr hierher kommt. Auch war mir Euer wertes Gesicht noch wohl erinnerlich; doch wahrlich, wenn ich nicht den Bassa mit eigener Hand hätte erhängen helfen, so hättet Ihr mich vielleicht getäuscht. Jetzt aber bin ich da, um eine Frage zu machen.“ – „Vor allem sage, wie du hierher kommst“, entgegnete ihm Mustapha voll Wut, dass er verraten war.

„Das will ich Euch sagen“, antwortete jener. „Ich konnte mich mit dem Starken nicht länger vertragen, deswegen floh ich; aber du, Mustapha, warst eigentlich die Ursache unseres Streites, und dafür musst du mir deine Schwester zur Frau geben, und ich will Euch zur Flucht behilflich sein. Gibst du sie nicht, so gehe ich zu meinem neuen Herrn und erzähle ihm etwas von dem neuen Bassa.“

Mustapha war vor Schrecken und Wut außer sich. Jetzt, wo er sich am sicheren Ziel seiner Wünsche glaubte, sollte dieser Elende kommen und sie vereiteln. Es war nur ein Mittel, das seinen Plan retten konnte: Er musste das kleine Ungetüm töten. Mit einem Sprung fuhr er daher aus dem Bette auf den Kleinen zu. Doch dieser, der etwas solches geahnt haben mochte, ließ die Lampe fallen, dass sie verlöschte, und entsprang im Dunkeln, indem er mörderisch um Hilfe schrie.

Jetzt war guter Rat teuer. Die Mädchen musste er für den Augenblick aufgeben und nur auf die eigene Rettung denken, daher ging er an das Fenster, um zu sehen, ob er nicht entspringen könnte. Es war eine ziemliche Tiefe bis zum Boden, und auf der andern Seite stand eine hohe Mauer, die zu übersteigen war. Sinnend stand er an dem Fenster, da hörte er viele Stimmen sich seinem Zimmer nähern, schon waren sie an der Türe; da fasste er verzweiflungsvoll seinen Dolch und seine Kleider und schwang sich zum Fenster hinaus. Der Fall war hart, aber er fühlte, dass er kein Glied gebrochen hatte. Drum sprang er auf und lief der Mauer zu, die den Hof umschloss, stieg, zum Erstaunen seiner Verfolger, hinauf und befand sich bald im Freien. Er floh, bis er an einen kleinen Wald kam, wo er sich erschöpft niederwarf. Hier überlegte er, was zu tun sei. Seine Pferde und seine Diener hatte er müssen im Stich lassen; aber sein Geld, das er in dem Gürtel trug, hatte er gerettet.

Sein erfinderischer Kopf zeigte ihm bald einen andern Weg zur Rettung. Er ging in dem Wald weiter, bis er an ein Dorf kam, wo er um geringen Preis ein Pferd kaufte, das ihn in Bälde in eine Stadt trug. Dort forschte er nach einem Arzt, und man riet ihm einen alten, erfahrenen Mann. Diesen bewog er durch einige Goldstücke, dass er ihm eine Arznei mitteilte, die einen todähnlichen Schlaf herbeiführte, der durch ein anderes Mittel augenblicklich wieder gehoben werden könnte. Als er im Besitz dieses Mittels war, kaufte er sich einen langen falschen Bart, einen schwarzen Talar und allerlei Büchsen und Kolben, sodass

er füglich einen reisenden Arzt vorstellen konnte, lud seine Sachen auf einen Esel und reiste in das Schloss des Thiuli-Kos zurück. Er durfte gewiss sein, diesmal nicht erkannt zu werden, denn der Bart entstellte ihn so sehr, dass er sich selbst kaum mehr erkannte. Bei Thiuli angekommen, ließ er sich als den Arzt Chakamankabudibaba anmelden, und wie er es gedacht hatte, geschah es. Der prachtvolle Name empfahl ihn bei dem alten Narren ungemein, sodass er ihn gleich zur Tafel einlud. Chakamankabudibaba erschien vor Thiuli, und als sie sich kaum eine Stunde besprochen hatten, beschloss der Alte, alle seine Sklavinnen der Kur des weisen Arztes zu unterwerfen. Dieser konnte seine Freude kaum verbergen, dass er jetzt seine geliebte Schwester wiedersehen solle, und folgte mit klopfendem Herzen Thiuli, der ihn ins Serail führte. Sie waren in ein Zimmer gekommen, das schön ausgeschmückt war, worin sich aber niemand befand. „Chambaba oder wie du heißt, lieber Arzt“, sprach Thiuli-Kos, „betrachte einmal jenes Loch dort in der Mauer! Dort wird jede meiner Sklavinnen einen Arm herausstrecken, und du kannst dann untersuchen, ob der Puls krank oder gesund ist.“

Mustapha mochte einwenden, was er wollte, zu sehen bekam er sie nicht; doch willigte Thiuli ein, dass er ihm allemal sagen wolle, wie sie sich sonst gewöhnlich befänden. Thiuli zog nun einen langen Zettel aus dem Gürtel und begann mit lauter Stimme seine Sklavinnen beim Namen zu rufen, worauf allemal eine Hand aus der Mauer kam und der Arzt den Puls untersuchte. Sechs waren schon abgelesen und sämtlich für gesund erklärt, da las Thiuli als die siebente „Fatme“ ab, und eine kleine weiße Hand schlüpfte aus der Mauer. Zitternd vor Freude ergreift Mustapha diese Hand und erklärt sie mit wichtiger Miene für bedeutend krank. Thiuli ward sehr besorgt und befahl seinem weisen Chakamankabudibaba, schnell eine Arznei für sie zu bereiten.

Die Errettung Fatmes

Der Arzt ging hinaus, schrieb auf einen kleinen Zettel: „Fatme! Ich will dich retten, wenn du dich entschließen kannst, eine Arznei zu nehmen, die dich auf zwei Tage totmacht; doch ich besitze das Mittel, dich wieder zum Leben zu bringen. Willst du, so sage nur, dieser Trank habe nicht geholfen, und es soll mir ein Zeichen sein, dass du einwilligst."

Bald kam er ins Zimmer zurück, wo Thiuli seiner harrte. Er brachte ein unschädliches Tränklein mit, fühlte der kranken Fatme noch einmal den Puls und schob ihr zugleich den Zettel unter ihr Armband. Das Tränklein aber reichte er ihr durch die Öffnung in der Mauer. Thiuli schien in großen Sorgen wegen Fatme zu sein und schob die Untersuchung der Übrigen bis auf eine gelegenere Zeit auf. Als er mit Mustapha das Zimmer verlassen hatte, sprach er in traurigem Tone: „Chadibaba, sage aufrichtig, was hältst du von Fatmes Krankheit?"

Chakamankabudibaba antwortete mit einem tiefen Seufzer:

„Ach Herr, möge der Prophet dir Trost verleihen!

Sie hat ein schleichendes Fieber, das ihr wohl den Garaus machen kann."

Da entbrannte der Zorn Thiulis: „Was sagst du, verfluchter Hund von einem Arzt? Sie, um die ich zweitausend Goldstücke gab, soll mir sterben wie eine Kuh? Wisse, wenn du sie nicht rettest, so hau ich dir den Kopf ab!" Da merkte mein Bruder, dass er einen dummen Streich gemacht habe, und gab Thiuli wieder Hoffnung. Als sie noch so sprachen, kam ein schwarzer Sklave aus dem Serail, dem Arzt zu sagen, dass das Tränklein nicht geholfen habe.

„Biete deine ganze Kunst auf, Chakamdababelba, oder wie du dich schreibst, ich zahle dir, was du willst", schrie Thiuli-Kos, fast heulend vor Angst, so vieles Gold zu verlieren.

„Ich will ihr ein Säftlein geben, das sie von aller Not befreit“, antwortete der Arzt.

„Ja, ja, gib ihr ein Säftlein“, schluchzte der alte Thiuli.

Frohen Mutes ging Mustapha, seinen Schlaftrunk zu holen, und als er ihn dem schwarzen Sklaven gegeben und gezeigt hatte, wie viel man auf einmal nehmen müsse, ging er zu Thiuli und sagte, er müsse noch einige heilsame Kräuter am See holen, und eilte zum Tor hinaus. An dem See, der nicht weit von dem Schloss entfernt war, zog er seine falschen Kleider aus und warf sie ins Wasser, dass sie lustig umherschwammen. Er selbst aber verbarg sich im Gesträuch, wartete die Nacht ab und schlich sich dann in den Begräbnisplatz an dem Schlosse Thiulis.

Als Mustapha kaum eine Stunde lang aus dem Schloss abwesend sein mochte, brachte man Thiuli die schreckliche Nachricht, dass seine Sklavin Fatme im Sterben liege.

Er schickte hinaus an den See, um schnell den Arzt zu holen; aber bald kehrten seine Boten allein zurück und erzählten ihm, dass der arme Arzt ins Wasser gefallen und ertrunken sei. Seinen schwarzen Talar sehe man im See schwimmen, und hie und da gucke auch sein stattlicher Bart aus den Wellen hervor. Als Thiuli keine Rettung mehr sah, verwünschte er sich und die ganze Welt, raufte sich den Bart aus und rannte mit dem Kopf gegen die Mauer. Aber alles dies konnte nichts helfen, denn Fatme gab bald unter den Händen der übrigen Weiber den Geist auf. Als Thiuli die Nachricht ihres Todes hörte, befahl er, schnell einen Sarg zu machen, denn er konnte keinen Toten im Hause leiden, und ließ den Leichnam in das Begräbnishaus tragen. Die Träger brachten den Sarg dorthin, setzten ihn schnell nieder und entflohen, denn sie hatten unter den übrigen Särgen Stöhnen und Seufzen gehört.

Mustapha, der sich hinter den Särgen verborgen und von dort aus die Träger des Sarges in die Flucht gejagt hatte, kam hervor und zündete sich eine Lampe an, die er zu diesem Zweck mitgebracht hatte. Dann zog er ein Glas hervor, das die erweckende Arznei enthielt, und hob dann den Deckel von Fatmes Sarg. Aber welches Entsetzen befiel ihn, als sich ihm beim Scheine der Lampe ganz fremde Züge zeigten! Weder meine Schwester, noch Zoraide, sondern eine ganz andere lag in dem Sarg. Er brauchte lange, um sich von dem neuen Schlag des Schicksals zu fassen. Endlich überwog doch Mitleid seinen Zorn. Er öffnete sein Glas und flößte ihr die Arznei ein. Sie atmete, schlug die Augen auf und schien sich lange zu besinnen, wo sie sei. Endlich erinnerte sie sich des Vorgefallenen. Sie stand auf aus dem Sarg und stürzte zu Mustaphas Füßen. „Wie kann ich dir danken, gütiges Wesen“, rief sie aus, „dass du mich aus meiner schrecklichen Gefangenschaft befreitest!“

Mustapha unterbrach ihre Danksagungen mit der Frage, wie es denn geschehen sei, dass sie und nicht Fatme, seine Schwester, gerettet worden sei? Jene sah ihn staunend an. „Jetzt wird mir meine Rettung erst klar, die mir vorher unbegreiflich war“, antwortete sie. „Wisse, man hieß mich in jenem Schloss Fatme, und mir hast du deinen Zettel und den Rettungstrank gegeben.“ Mein Bruder forderte die Gerettete auf, ihm von seiner Schwester und Zoraiden Nachricht zu geben, und erfuhr, dass sie sich beide im Schloss befinden, aber nach der Gewohnheit Thiulis andere Namen bekommen haben; sie heißen jetzt Mirza und Nurmahal.

Als Fatme, die gerettete Sklavin, sah, dass mein Bruder durch diesen Fehlgriff so niedergeschlagen sei, sprach sie ihm Mut ein und versprach ihm ein Mittel zu sagen, wie er jene beiden Mädchen dennoch retten könne. Aufgeweckt durch diesen Gedanken, schöpfte Mustapha

von neuem Hoffnung. Er bat sie, dieses Mittel ihm zu nennen, und sie sprach:

„Ich bin zwar erst seit fünf Monaten die Sklavin Thiulis; doch habe ich gleich von Anfang auf Rettung gesonnen, aber für mich allein war sie zu schwer. In dem Innern Hof des Schlosses wirst du einen Brunnen bemerkt haben, der aus zehn Röhren Wasser speit. Dieser Brunnen fiel mir auf. Ich erinnerte mich, in dem Hause meines Vaters einen Ähnlichen gesehen zu haben, dessen Wasser durch eine geräumige Wasserleitung herbeiströmt. Um nun zu erfahren, ob dieser Brunnen auch so gebaut sei, rühmte ich eines Tages vor Thiuli seine Pracht und fragte nach seinem Baumeister. ‚Ich selbst habe ihn gebaut', antwortete er, ‚und das, was du hier siehst, ist noch das Geringste; aber das Wasser dazu kommt wenigstens tausend Schritte weit von einem Bach her und geht durch eine gewölbte Wasserleitung, die wenigstens mannshoch ist, und alles dies habe ich selbst angegeben.' Als ich dies gehört hatte, wünschte ich mir oft, nur auf einen Augenblick die Stärke eines Mannes zu haben, um einen Stein an der Seite des Brunnens ausheben zu können, dann könnte ich fliehen, wohin ich wollte. Die Wasserleitung nun will ich dir zeigen. Durch sie kannst du nachts in das Schloss gelangen und jene befreien. Aber du musst wenigstens noch zwei Männer bei dir haben, um die Sklaven, die das Serail bei Nacht bewachen, zu überwältigen."

So sprach sie; mein Bruder Mustapha aber, obgleich schon zweimal in seinen Hoffnungen getäuscht, fasste noch einmal Mut und hoffte mit Allahs Hilfe den Plan der Sklavin auszuführen. Er versprach ihr, für ihr weiteres Fortkommen in ihre Heimat zu sorgen, wenn sie ihm behilflich sein wollte, ins Schloss zu gelangen. Aber ein Gedanke machte ihm noch Sorge, nämlich der, woher er zwei oder drei treue Gehilfen bekommen könnte. Da fiel ihm Orbasans Dolch ein und das Verspre-

chen, das ihm jener gegeben hatte, ihm, wo er seiner bedürfe, zu Hilfe zu eilen, und er machte sich daher mit Fatme aus dem Begräbnis auf, um den Räuber aufzusuchen.

In der nämlichen Stadt, wo er sich zum Arzt umgewandelt hatte, kaufte er um sein letztes Geld ein Ross und mietete Fatme bei einer armen Frau in der Vorstadt ein. Er selbst aber eilte dem Gebirge zu, wo er Orbasan zum ersten Mal getroffen hatte, und gelangte in drei Tagen dahin. Er fand bald wieder jene Zelte und trat unverhofft vor Orbasan, der ihn freundlich willkommen hieß. Er erzählte ihm seine misslungenen Versuche, wobei sich der ernsthafte Orbasan nicht enthalten konnte, hie und da ein wenig zu lachen, besonders, wenn er sich den Arzt Chakamankabudibaba dachte. Über die Verräterei des Kleinen aber war er wütend. Er schwur, ihn mit eigener Hand aufzuhängen, wo er ihn finde. Meinem Bruder aber versprach er, sogleich zur Hilfe bereit zu sein, wenn er sich vorher von der Reise gestärkt haben würde. Mustapha blieb daher diese Nacht wieder in Orbasans Zelt. Mit dem ersten Frührot aber brachen sie auf, und Orbasan nahm drei seiner tapfersten Männer, wohl beritten und bewaffnet, mit sich.

Sie ritten stark zu und kamen nach zwei Tagen in die kleine Stadt, wo Mustapha die gerettete Fatme zurückgelassen hatte. Von da aus reisten sie mit dieser weiter bis zu dem kleinen Wald, von wo aus man das Schloss Thiulis in geringer Entfernung sehen konnte. Dort lagerten sie sich, um die Nacht abzuwarten. Sobald es dunkel wurde, schlichen sie sich, von Fatme geführt, an den Bach, wo die Wasserleitung anfing, und fanden diese bald. Dort ließen sie Fatme und einen Diener mit den Rossen zurück und schickten sich an, hinabzusteigen. Ehe sie aber hinabstiegen, wiederholte ihnen Fatme noch einmal alles genau, nämlich, dass sie durch den Brunnen in den innern Schlosshof kämen,

dort seien rechts und links in der Ecke zwei Türme, in der sechsten Türe, vom Turme rechts gerechnet, befänden sich Fatme und Zoraide, bewacht von zwei schwarzen Sklaven.

Mit Waffen und Brecheisen wohl versehen, stiegen Mustapha, Orbasan und zwei andere Männer hinab in die Wasserleitung. Sie sanken zwar bis an den Gürtel ins Wasser, aber nichtsdestoweniger gingen sie rüstig vorwärts. Nach einer halben Stunde kamen sie an den Brunnen selbst und setzten sogleich ihre Brecheisen an. Die Mauer war dick und fest, aber den vereinten Kräften der vier Männer konnte sie nicht lange widerstehen. Bald hatten sie eine Öffnung eingebrochen, groß genug, um bequem durchschlüpfen zu können. Orbasan schlüpfte zuerst durch und half den andern nach. Als sie alle im Hof waren, betrachteten sie die Seite des Schlosses, die vor ihnen lag, um die beschriebene Tür zu erforschen. Aber sie waren nicht einig, welche es sei, denn als sie von dem rechten Turm zum Linken zählten, fanden sie eine Türe, die zugemauert war, und wussten nun nicht, ob Fatme diese übersprungen oder mitgezählt habe. Aber Orbasan besann sich nicht lange. „Mein gutes Schwert wird mir jede Tür öffnen“, rief er aus, ging auf die sechste Türe zu, und die andern folgten ihm. Sie öffneten die Türe und fanden sechs schwarze Sklaven auf dem Boden liegend und schlafend. Sie wollten schon wieder leise sich zurückziehen, weil sie sahen, dass sie die rechte Türe verfehlt hatten, als eine Gestalt in der Ecke sich aufrichtete und mit wohlbekannter Stimme um Hilfe rief. Es war der Kleine aus Orbasans Lager.

Aber ehe noch die Schwarzen recht wussten, wie ihnen geschah, stürzte Orbasan auf den Kleinen zu, riss seinen Gürtel entzwei, verstopfte ihm den Mund und band ihm die Hände auf den Rücken. Dann wandte er sich an die Sklaven, wovon schon einige von Mustapha und den zwei andern halb gebunden waren, und half sie vollends

überwältigen. Man setzte den Sklaven den Dolch auf die Brust und fragte sie, wo Nurmahal und Mirza wären, und sie gestanden, dass sie im Gemach nebenan seien. Mustapha stürzte in das Gemach und fand Fatme und Zoraiden, die der Lärm erweckt hatte. Schnell rafften diese ihren Schmuck und ihre Kleider zusammen und folgten Mustapha.

Die beiden Räuber schlugen indes Orbasan vor, zu plündern, was man fände; doch dieser verbot es ihnen und sprach:

„Man soll nicht von Orbasan sagen können, dass er nachts in die Häuser steige, um Gold zu stehlen!“

Mustapha und die Geretteten schlüpften schnell in die Wasserleitung, wohin ihnen Orbasan sogleich zu folgen versprach. Als jene in die Wasserleitung hinabgestiegen waren, nahm Orbasan und einer der Räuber den Kleinen und führten ihn hinaus in den Hof. Dort banden sie ihm eine seidene Schnur, die sie deshalb mitgenommen hatten, um den Hals und hingen ihn an der höchsten Spitze des Brunnens auf. Nachdem sie so den Verrat des Elenden bestraft hatten, stiegen sie selbst hinab in die Wasserleitung und folgten Mustapha. Mit Tränen dankten die beiden Frauen ihrem edelmütigen Retter Orbasan; doch dieser trieb sie eilends zur Flucht an, denn es war sehr wahrscheinlich, dass sie Thiuli-Kos nach allen Seiten verfolgen ließ. Mit tiefer Rührung trennten sich am andern Tag Mustapha und seine Geretteten von Orbasan. Wahrlich, sie werden ihn nie vergessen. Fatme aber, die befreite Sklavin, ging verkleidet nach Balsora, um sich dort in ihre Heimat einzuschiffen.

Nach einer kurzen und vergnügten Reise kamen die Meinigen in die Heimat. Meinen alten Vater tötete beinahe die Freude des Wiedersehens. Den andern Tag nach ihrer Ankunft veranstaltete er ein großes Fest, an welchem die ganze Stadt teilnahm. Vor einer großen

Versammlung von Verwandten und Freunden musste mein Bruder seine Geschichte erzählen, und einstimmig priesen sie ihn und den edlen Räuber.

Als aber mein Bruder geschlossen hatte, stand mein Vater auf und führte Zoraiden ihm zu. „So löse ich denn“, sprach er mit feierlicher Stimme, „den Fluch von deinem Haupte. Nimm diese hin als die Belohnung, die du dir durch deinen rastlosen Eifer erkämpft hast. Nimm meinen väterlichen Segen, und möge es nie unserer Stadt an Männern fehlen, die an brüderlicher Liebe, an Klugheit und Eifer dir gleichen!“

Saids Schicksal

Zur Zeit Harun Al-Raschids, des Beherrschers von Bagdad, lebte ein Mann in Balsora, mit Namen Benazar. Er hatte gerade soviel Vermögen, um für sich bequem und ruhig leben zu können, ohne ein Geschäft oder einen Handel zu treiben. Auch als ihm ein Sohn geboren wurde, ging er von dieser Weise nicht ab. „Warum soll ich in meinem Alter noch schachern und handeln“, sprach er zu seinem Nachbarn, „um vielleicht Said, meinem Sohn, tausend Goldstücke mehr hinterlassen zu können, wenn es gut geht, und geht es schlecht, tausend weniger? Wo zwei speisen, wird auch ein dritter satt, sagt das Sprichwort, und wenn er nur sonst ein guter Junge wird, soll es ihm an nichts fehlen.“ So sprach Benazar und hielt Wort. Denn er ließ auch seinen Sohn nicht zum Handel oder einem Gewerbe erziehen. Doch unterließ er nicht, die Bücher der Weisheit mit ihm zu lesen, und da nach seiner Ansicht einen jungen Mann außer Gelehrsamkeit und Ehrfurcht vor dem Alter nichts mehr zierte als ein gewandter Arm und Mut, so ließ er ihn frühe in den Waffen unterweisen, und Said

galt bald unter seinen Altersgenossen, ja selbst unter älteren Jünglingen, als ein geschickter Kämpfer, und im Reiten und Schwimmen tat es ihm keiner nach.

Als er achtzehn Jahre alt war, schickte ihn sein Vater nach Mekka zum Grab des Propheten, um an Ort und Stelle sein Gebet und seine religiösen Übungen zu verrichten, wie es Sitte und Gebot erfordern. Ehe er abreiste, ließ ihn sein Vater noch einmal vor sich kommen, lobte seine Aufführung, gab ihm gute Lehren, versah ihn mit Geld und sprach dann: „Noch etwas, mein Sohn Said! Ich bin ein Mann, der über die Vorurteile des Pöbels erhaben ist. Ich höre zwar gerne Geschichten von Feen und Zauberern erzählen, weil mir die Zeit dabei angenehm vergeht; doch bin ich weit entfernt, daran zu glauben, wie so viele unwissende Menschen tun, dass diese Genien oder wer sie sonst sein mögen, Einfluss auf das Leben und Treiben der Menschen haben. Deine Mutter aber, sie ist jetzt zwölf Jahre tot, deine Mutter glaubte so fest daran als an den Koran. Ja, sie hat mir in einer einsamen Stunde, nachdem ich ihr geschworen, es niemand als ihrem Kinde zu entdecken, vertraut, dass sie selbst von ihrer Geburt an mit einer Fee in Berührung gestanden habe. Ich habe sie deswegen ausgelacht, und doch muss ich gestehen, Said, dass bei deiner Geburt einige Dinge vorfielen, die mich selbst in Erstaunen setzten. Es hatte den ganzen Tag geregnet und gedonnert, und der Himmel war so schwarz, dass man nichts lesen konnte ohne Licht. Aber um vier Uhr nachmittags sagte man mir an, es sei mir ein Knäblein geboren. Ich eilte nach den Gemächern deiner Mutter, um meinen Erstgeborenen zu sehen und zu segnen; aber alle ihre Zofen standen vor der Türe, und auf meine Fragen antworteten sie, dass jetzt niemand in das Zimmer treten dürfe.

Zemira, deine Mutter, habe alle hinausgehen heißen, weil sie allein sein wolle. Ich pochte an die Türe, aber umsonst, sie blieb verschlossen.Während ich so halb unwillig unter den Zofen vor der Türe stand,

klärte sich der Himmel so plötzlich auf, wie ich es nie gesehen hatte, und das Wunderbarste war, dass nur über unserer lieben Stadt Balsora eine reine blaue Himmelswölbung erschien; ringsum aber lagen die Wolken schwarz aufgerollt, und Blitze zuckten und schlängelten sich in diesem Umkreis. Während ich noch dieses Schauspiel neugierig betrachtete, flog die Türe meiner Gattin auf; ich aber ließ die Mägde noch außen harren und trat allein in das Gemach, deine Mutter zu fragen, warum sie sich eingeschlossen habe. Als ich eintrat, quoll mir ein so betäubender Geruch von Rosen, Nelken und Hyazinthen entgegen, dass ich beinahe verwirrt wurde. Deine Mutter brachte mir dich dar und deutete zugleich auf ein silbernes Pfeifchen, das du um den Hals an einer goldenen Kette, so fein wie Seide, trugst. ‚Die gütige Frau, von welcher ich dir einst erzählte, ist da gewesen', sprach deine Mutter, ‚sie hat deinem Knaben dieses Angebinde gegeben.'"

„Das war also die Hexe, die das Wetter schön machte und diesen Rosen- und Nelkenduft hinterließ?" sprach ich lachend und ungläubig. „Aber sie hätte etwas Besseres bescheren können als dieses Pfeifchen, etwa einen Beutel voll Gold, ein Pferd oder dergleichen!" Deine Mutter beschwor mich, nicht zu spotten, weil die Feen, leicht erzürnt, ihren Segen in Unsegen verwandeln.

Ich tat es ihr zu Gefallen und schwieg, weil sie krank war. Wir sprachen auch nicht mehr von dem sonderbaren Vorfall bis sechs Jahre nachher, als sie fühlte, dass sie, so jung sie noch war, sterben müsse. Da gab sie mir das Pfeifchen, trug mir auf, es einst, wenn du zwanzig Jahre alt seiest, dir zu geben, denn keine Stunde zuvor dürfte ich dich von mir lassen. Sie starb. Hier ist nun das Geschenk", fuhr Benazar fort, indem er ein silbernes Pfeifchen an einer langen goldenen Kette aus einem Kästchen hervorsuchte, „und ich gebe es dir bereits jetzt.

So sprach Benazar von Balsora, als er seinen Sohn entließ. Said nahm bewegt von ihm Abschied, hing die Kette um den Hals, steckte das Pfeifchen in den Gürtel, schwang sich aufs Pferd und ritt nach dem Ort, wo die Karawane nach Mekka aufbrach.

Zwei Tage nachdem sie aufbrachen erinnerte er sich an das Pfeifchen, zog es hervor und setzte es endlich an den Mund, um einen Versuch zu machen, ob es vielleicht einen recht hellen und schönen Ton von sich gebe; aber siehe, es tönte nicht. Er blähte die Backen auf und blies aus Leibeskräften, aber kein Ton erklang, und, unwillig über das nutzlose Geschenk, steckte er das Pfeifchen wieder in den Gürtel.

Said war ein sehr schöner Jüngling. Sein Auge war mutig und kühn, sein Mund voll Anmut, und so jung er war, so hatte er doch in seinem ganzen Wesen schon eine gewisse Würde, die man in diesem Alter nicht so oft trifft, und der Anstand, womit er leicht, aber sicher, und in vollem kriegerischen Schmuck zu Pferde saß, zog die Blicke manches der Reisenden auf sich. Ein alter Mann, der an seiner Seite ritt, fand Wohlgefallen an ihm und versuchte, durch manche Fragen auch seinen Geist zu prüfen. Said, welchem Ehrfurcht gegen das Alter eingeprägt worden war, antwortete bescheiden, aber klug und umsichtig, sodass der Alte eine große Freude an ihm hatte. Da aber der Geist des jungen Mannes schon den ganzen Tag nur mit einem Gegenstand beschäftigt war, so geschah es, dass man bald auf das geheimnisvolle Reich der Feen zu sprechen kam, und endlich fragte Said den Alten geradezu, ob er glaube, dass es Feen, gute oder böse Geister geben könne, welche den Menschen beschützen oder verfolgen.

Der alte Mann strich sich den Bart, neigte seinen Kopf hin und her und sprach dann: „Leugnen lässt es sich nicht, dass es solche Geschichten gegeben hat, obgleich ich bis heute weder einen Geisterzwerg, noch einen Genius als Riesen, weder einen Zauberer, noch eine Fee gesehen habe." Der Alte hub an und erzählte dem jungen Mann viele und wunderbare Geschichten. Er träumte die ganze Nacht von Schlössern, Zauberpferden, Genien und dergleichen und lebte in einem wahren Fe-

enreich. Und seine Pfeife benutzte er, um Feen im Fall der Not zu rufen. Doch leider musste tags darauf die Erfahrung machen, wie nichtig all seine Träume im Schlafen oder Wachen seien. Die Karawane war schon den größten Teil des Tages im gemächlichen Schritt fortgezogen, Said immer an der Seite seines alten Gefährten, als man dunkle Schatten am fernsten Ende der Wüste bemerkte. Die einen hielten sie für Sandhügel, die anderen für eine neue Karawane. Aber der Alte, der schon mehrere Reisen gemacht hatte, rief mit lauter Stimme, sich vorzusehen, denn es sei eine Horde räuberischer Araber im Anzug. Die Männer griffen zu den Waffen, die Weiber und die Waren wurden in die Mitte genommen, und alles war auf einen Angriff gefasst.

Der räuberische Haufen stürmte heran. Die Männer wehrten sich tapfer; aber die Räuber waren über vierhundert Mann stark, umschwärmten sie von allen Seiten, töteten viele aus der Ferne her und machten dann einen Angriff mit der Lanze. In diesem furchtbaren Augenblick fiel Said, der immer unter den Vordersten wacker gestritten hatte, sein Pfeifchen ein, er zog es schnell hervor, setzte es an den Mund, blies und – ließ es schmerzlich wieder sinken, denn es gab auch nicht den leisesten Ton von sich. Wütend über diese grausame Enttäuschung, zielte er und schoss einen Araber, der sich durch prachtvolle Kleidung auszeichnete, in die Brust. Jener wankte und fiel vom Pferd.

„Allah! Was habt Ihr gemacht, junger Mensch!“ rief der Alte an seiner Seite. „Jetzt sind wir alle verloren.“ Und so schien es auch, denn kaum sahen die Räuber diesen Mann fallen, als sie ein schreckliches Geschrei erhoben und mit solcher Wut eindrangen, dass die wenigen noch unverwundeten Männer bald zersprengt wurden. Said sah sich in einem Augenblick von fünf oder sechs umschwärmt. Er führte seine Lanze so gewandt, dass keiner sich heranzunahen wagte. Endlich hielt einer an, legte einen Pfeil auf, zielte und wollte eben die Sehne schnellen lassen, als ihm ein anderer winkte.

Der junge Mann machte sich auf einen neuen Angriff gefasst, aber ehe er sich dessen versah, hatte ihm einer der Araber eine Schlinge über den Kopf geworfen, und so sehr er sich bemühte, das Seil zu zerreißen, so war doch alles umsonst; die Schlinge wurde fester und immer fester angezogen, und Said war gefangen.

Die Karawane war endlich entweder ganz aufgerieben oder gefangen worden, und die Araber, welche nicht zu einem Stamm gehörten, teilten jetzt die Gefangenen und die übrige Beute und zogen dann, der eine Teil nach Süden, der andere nach Osten. Neben Said ritten vier Bewaffnete, welche ihn oft mit bitterem Grimm anschauten und Verwünschungen über ihn ausstießen.

Er merkte, dass es ein vornehmer Mann, vielleicht sogar ein Prinz gewesen sei, welchen er getötet hatte. Die Sklaverei, welcher er entgegensah, war noch härter als der Tod. Darum wünschte er sich im stillen Glück, den Grimm der ganzen Horde auf sich gezogen zu haben, denn er glaubte nicht anders, als in ihrem Lager getötet zu werden.

Die Bewaffneten bewachten alle seine Bewegungen, und sooft er sich umschaute, drohten sie ihm mit ihren Spießen. Einmal aber, als das Pferd des einen strauchelte, wandte er den Kopf schnell um und erblickte zu seiner Freude den Alten, seinen Reisegefährten, welchen er unter den Toten geglaubt hatte.

Endlich sah man in der Ferne Bäume und Zelte. Als sie näher kamen, strömte ihnen ein ganzer Schwall von Kindern und Weibern entgegen. Aber kaum hatten diese einige Worte mit den Räubern ausgewechselt, als sie in ein schreckliches Geheul ausbrachen und alle nach Said blickten, die Arme gegen ihn hoben und Verwünschungen ausstießen.

„Jener ist es“, schrien sie, „der den großen Almansor erschlagen hat, den tapfersten aller Männer. Er muss sterben, wir wollen sein Fleisch dem Schakal der Wüste zur Beute geben.“ Dann drangen sie mit Holzstücken, Erdschollen und was sie zur Hand hatten, so furchtbar auf Said ein, dass sich die Räuber selbst ins Mittel legen mussten.

„Hinweg, ihr Unmündigen, fort, ihr Weiber!“ riefen sie und trieben die Menge mit den Lanzen auseinander, „er hat den großen Almansor erschlagen im Gefecht, und er muss sterben, aber nicht von der Hand eines Weibes, sondern vom Schwert der Tapfern.“

Als sie unter den Zelten auf einem freien Platz angelangt waren, machten sie halt. Die Gefangenen wurden je zwei und zwei zusammengebunden, die Beute in die Zelte gebracht, Said aber wurde einzeln gefesselt und in ein großes Zelt geführt. Dort saß ein alter, prachtvoll gekleideter Mann, dessen ernste, stolze Miene verkündete, dass er das Oberhaupt dieser Horde sei.

Die Männer, welche Said führten, traten traurig und mit gesenktem Haupt vor ihn hin. „Das Geheul der Weiber sagt mir, was geschehen ist“, sprach der majestätische Mann, indem er die Räuber der Reihe nach anblickte, „eure Mienen bestätigen es – Almansor ist gefallen.“

„Almansor ist gefallen“, antworteten die Männer, „aber hier, Selim, Beherrscher der Wüste, ist sein Mörder, und wir bringen ihn, damit du ihn richtest. Welche Todesart soll er sterben? Sollen wir ihn aus der Ferne mit Pfeilen erschießen, sollen wir ihn durch eine Gasse von Lanzen jagen, oder willst du, dass er an einem Strick aufgehängt oder von Pferden zerrissen werde?“

„Wer bist du?“ fragte Selim, düster auf den Gefangenen blickend, der zum Tod bereit, aber mutig vor ihm stand.

Said beantwortete seine Frage kurz und offen.

„Hast du meinen Sohn meuchlings umgebracht? Hast du ihn von hinten mit einem Pfeil oder einer Lanze durchbohrt?“

„Nein, Herr!“ entgegnete Said. „Ich habe ihn in offenem Kampfe beim Angriff auf unsere Reihen von vorn getötet, weil er schon acht meiner Genossen vor meinen Augen erschlagen hatte.“

„Ist es also, wie er sprach?“ fragte Selim die Männer.

„Ja, Herr, er hat Almansor in offenem Kampfe getötet“, sprach einer von den Gefragten.

„Dann hat er nicht mehr und nicht minder getan, als wir selbst getan haben würden“, versetzte Selim, „er hat seinen Feind, der ihm Freiheit und Leben rauben wollte, erschlagen. Löset schnell seine Bande!“

Die Männer sahen ihn staunend an und gingen nur zaudernd und mit Widerwillen ans Werk. „So soll der Mörder deines Sohnes, des tapferen Almansor, nicht sterben?“ fragte einer, indem er wütende Blicke auf Said warf. „Hätten wir ihn lieber gleich umgebracht!“

„Er soll nicht sterben!“ rief Selim. „Und ich nehme ihn sogar in mein eigenes Zelt auf, ich nehme ihn als meinen gerechten Anteil an der Beute, er sei mein Diener!“

Said fand keine Worte, dem Alten zu danken. Die Männer aber verließen murrend das Zelt, und als sie den Weibern und Kindern, die draußen versammelt waren und auf Saids Hinrichtung warteten, den Entschluss des alten Selim mitteilten, erhoben sie ein schreckliches Geschrei und riefen, sie würden Almansors Tod an seinem Mörder rächen, weil sein eigener‘ Vater die Blutrache nicht üben wolle.

Die übrigen Gefangenen wurden an die Horden verteilt; einige entließ man, um Lösegeld für die reicheren einzutreiben, andere wurden zu den Herden als Hirten geschickt, und manche, die vorher von zehn Sklaven sich bedienen ließen, mussten die niedrigsten Dienste in diesem Lager versehen.

Nicht so Said. War es sein mutiges, heldenmäßiges Aussehen oder der geheimnisvolle Zauber einer gütigen Fee, was den alten Selim für den Jüngling einnahm? Man wusste es nicht zu sagen; aber Said lebte in seinem Zelt mehr als Sohn denn als Diener. Aber die Zuneigung des alten Mannes zog ihm die Feindschaft der übrigen Diener zu.

Er begegnete überall nur feindlichen Blicken, und wenn er allein durchs Lager ging, so hörte er ringsumher Schimpfworte und Verwünschungen ausstoßen, ja, einige Mal flogen Pfeile an seiner Brust vorüber, die offenbar ihm gegolten hatten, und dass sie ihn nicht trafen, schrieb er nur dem geheimnisvollen Pfeifchen zu, das er noch immer auf der Brust trug und welchem er diesen Schutz zuschrieb. Oft beklagte er sich bei Selim über diese Angriffe auf sein Leben, aber vergebens suchte dieser die Meuchelmörder ausfindig zu machen, denn die ganze Horde schien gegen den begünstigten Fremdling verbunden zu sein. Da sprach eines Tages Selim zu ihm: „Ich hatte gehofft, du werdest mir vielleicht den Sohn ersetzen, der durch deine Hand umgekommen ist. An dir und mir liegt nicht die Schuld, dass es nicht sein konnte. Alle sind gegen dich erbittert, und ich selbst kann dich in Zukunft nicht mehr schützen, denn was hilft es dir oder mir, wenn sie dich heimlich getötet haben, den Schuldigen zur Strafe zu ziehen? Darum, wenn die Männer von ihrem Streifzug heimkehren, werde ich sagen, dein Vater habe mir Lösegeld geschickt, und ich werde dich durch einige treue Männer durch die Wüste geleiten lassen."

„Aber kann ich irgendeinem außer dir trauen?" fragte Said bestürzt. „Werden sie mich nicht unterwegs töten?"

„Davor schützt dich der Eid, den sie mir schwören müssen und den noch keiner gebrochen hat", erwiderte Selim mit großer Ruhe. Einige Tage nachher kehrten die Männer ins Lager zurück, und Selim hielt sein Versprechen. Er schenkte dem Jüngling Waffen, Kleider und ein Pferd, versammelte die streitbaren Männer, wählte fünf zur Begleitung Saids aus, ließ sie einen furchtbaren Eid ablegen, dass sie ihn nicht töten wollten, und entließ ihn dann mit Tränen.

Die fünf Männer ritten finster und schweigend mit Said durch die Wüste. Der Jüngling sah, wie ungern sie den Auftrag erfüllten, und es machte ihm nicht wenig Besorgnis, dass zwei von ihnen bei jenem Kampf zugegen waren, wo er Almansor tötete. Als sie etwa acht Stunden zurückgelegt hatten, hörte Said, dass sie untereinander flüsterten, und bemerkte, dass ihre Mienen noch düsterer wurden als vorher. Er strengte sich an aufzuhorchen und vernahm, dass sie sich in einer Sprache unterhielten, die nur von dieser Horde und immer nur bei geheimnisvollen oder gefährlichen Unternehmungen gesprochen wurde. Selim, der den Plan gehabt hatte, den jungen Mann auf immer in seinem Zelte zu behalten, hatte sich manche Stunde damit abgegeben, ihn diese geheimnisvollen Worte zu lehren; aber es war nichts Erfreuliches, was er jetzt vernahm.

„Hier ist die Stelle“, sprach einer, „hier griffen wir die Karawane an, und hier fiel der tapferste Mann von der Hand eines Knaben.“

„Der Wind hat die Spuren seines Pferdes verweht“, fuhr ein anderer fort, „aber ich habe sie nicht vergessen.“

„Und zu unserer Schande soll der noch leben und frei sein, der Hand an ihn legte? Wann hat man je gehört, dass ein Vater den Tod seines einzigen Sohnes nicht rächte? Aber Selim wird alt und kindisch.“ „Und wenn es der Vater unterlässt“, sagte ein Vierter, „so ist es Freundes Pflicht, den gefallenen Freund zu rächen. Hier an dieser Stelle sollten wir ihn niederhauen. So ist es Recht und Brauch seit ältesten Zeiten.“

„Aber wir haben dem Alten geschworen“, rief ein Fünfter, „wir dürfen ihn nicht töten, unser Eid darf nicht gebrochen werden.“

„Es ist wahr“, sprachen die andern, „wir haben geschworen, und der Mörder darf frei ausgehen aus den Händen seiner Feinde.“

„Halt!“ rief einer, der Finsterste unter allen. „Der alte Selim ist ein kluger Kopf, aber doch nicht so klug, als man glaubt. Haben wir ihm geschworen, diesen Burschen da- oder dorthin zu bringen? Nein, er nahm uns den Schwur auf sein Leben ab, und dieses wollen wir ihm schenken. Aber die brennende Sonne und die scharfen Zähne des Schakals werden unsere Rache übernehmen. Hier an dieser Stelle wollen wir ihn gebunden liegen lassen.“ So sprach der Räuber; aber schon seit einigen Minuten hatte sich Said auf das äußerste gefasst gemacht, und indem jener noch die letzten Worte sprach, riss er sein Pferd auf die Seite, trieb es mit einem tüchtigen Hieb an und flog wie ein Vogel über die Ebene hin. Die fünf Männer staunten einen Augenblick, aber wohlbewandert in solchen Verfolgungen, teilten sie sich, jagten rechts und links nach, und weil sie die Art und Weise, wie man in der Wüste reiten muss, besser kannten, hatten zwei von ihnen den Flüchtling bald überholt, wandten sich gegen ihn um, und als er auf die Seite floh, fand er auch dort zwei Gegner und den fünften in seinem Rücken. Der Eid, ihn nicht zu töten, hielt sie ab, ihre Waffen zu gebrauchen. Sie warfen ihm auch jetzt wieder von hinten eine Schlinge über den Kopf, zogen ihn vom Pferd, schlugen unbarmherzig auf ihn los, banden ihn dann an Händen und Füßen und legten ihn in den glühenden Sand der Wüste.

Said flehte sie um Barmherzigkeit an, er versprach ihnen ein großes Lösegeld; aber lachend schwangen sie sich auf und jagten davon. Noch einige Augenblicke lauschte er auf die leichten Tritte ihrer Rosse, dann aber gab er sich verloren. Er dachte an seinen Vater, an den Gram des alten Mannes, wenn sein Sohn nicht mehr heimkehre. Er dachte an sein eigenes Elend, dass er so frühe sterben müsse, denn nichts war ihm gewisser, als dass er in dem heißen Sand den martervollen Tod des Verschmachtens sterben müsse oder dass er von einem Schakal zerrissen werde. Die Sonne stieg immer höher und brannte glühend auf seiner Stirne. Mit unendlicher Mühe gelang es ihm endlich, sich aufzuwälzen; aber es gab ihm wenig Erleichterung. Das Pfeifchen an der Kette war durch diese Anstrengung aus seinem Kleid gefallen. Er mühte sich so lange, bis er es mit dem Mund fassen konnte; endlich berührten es seine Lippen, er versuchte zu blasen, aber auch in dieser schrecklichen Not versagte es den Dienst. Verzweiflungsvoll ließ er den Kopf zurücksinken, und endlich beraubte ihn die stechende Sonne der Sinne; er fiel in eine tiefe Betäubung. Nach vielen Stunden erwachte

Said von einem Geräusch in seiner Nähe. Er fühlte zugleich, dass seine Schulter gepackt wurde, und er stieß einen Schrei des Entsetzens aus, denn er glaubte nichts anders, als ein Schakal sei herangekommen, ihn zu zerreißen. Jetzt wurde er auch an den Beinen angefasst, aber er fühlte, dass es nicht die Krallen eines Raubtieres seien, sondern die Hände eines Mannes, der sich sorgsam mit ihm beschäftigte und mit zwei oder drei andern sprach.

„Er lebt“, flüsterten sie, „aber er hält uns für Feinde.“

Endlich schlug Said die Augen auf und erblickte über sich das Gesicht eines kleinen, dicken Mannes mit kleinen Augen und langem Bart. Dieser sprach ihm freundlich zu, half ihm sich aufrichten, reichte ihm Speise und Trank und erzählte ihm, während er sich stärkte, er sei ein Kaufmann aus Bagdad, heiße Kalum-Beck und handle mit Schals und feinen Schleiern für die Frauen. Er habe eine Handelsreise gemacht, sei jetzt auf der Rückkehr nach Hause und habe ihn elend und halb tot im Sande liegen sehen. Sein prachtvoller Anzug und die blitzenden Steine seines Dolches hätten ihn aufmerksam gemacht. Er habe alles getan, ihn zu beleben, und es sei ihm gelungen.

Der Jüngling dankte ihm für sein Leben, denn er sah wohl ein, dass er ohne die Dazwischenkunft dieses Mannes elend hätte sterben müssen, und da er weder Mittel hatte, sich selbst fortzuhelfen, noch willens war, zu Fuß und allein durch die Wüste zu wandern, so nahm er dankbar einen Sitz auf einem der schwerbeladenen Kamele des Kaufmanns an und beschloss, mit nach Bagdad zu ziehen, vielleicht könnte er dort sich an eine Gesellschaft, die nach Balsora reiste, anschließen.

Unterwegs erzählte der Kaufmann seinem Reisegefährten manches von dem trefflichen Beherrscher der Gläubigen, Harun Al-Raschid. Er erzählte ihm von seiner Gerechtigkeitsliebe und seinem Scharfsinn, wie er die wunderbarsten Prozesse auf einfache und bewunderungswürdige Weise zu schlichten wisse. Unter anderem führte er die Geschichte von dem Seiler, die Geschichte von dem Topf mit Oliven an, Geschichten, die jedes Kind weiß, die aber Said sehr bewunderte.

„Unser Herr, der Beherrscher der Gläubigen“, fuhr der Kaufmann fort, „unser Herr ist ein wunderbarer Mann. Wenn Ihr meinet er schlafe, wie andere gemeine Leute, so täuschet Ihr Euch sehr. Zwei, drei Stunden in der Morgendämmerung ist alles. Ich muss das wissen, denn Messour, sein erster Kämmerer, ist mein Vetter, und obgleich er so verschwiegen ist wie das Grab, was die Geheimnisse seines Herrn anbelangt, so lässt er doch, der guten Verwandtschaft zulieb, hin und wieder einen Wink fallen, wenn er sieht, dass einer aus Neugierde beinahe vom Verstand kommen könnte. Statt nun wie andere Menschen zu schlafen, schleicht der Kalif nachts durch die Straßen von Bagdad.

Und selten verstreicht eine Woche, worin er nicht ein Abenteuer aufstößt, denn Ihr müsst wissen, wie ja auch aus der Geschichte mit dem Oliventopf erhellt, die so wahr ist als das Wort des Propheten, dass er nicht mit der Wache und zu Pferd, in vollem Putz und mit hundert Fackelträgern seine Runde macht, wie er wohl tun könnte, wenn er wollte, sondern angezogen bald als Kaufmann, bald als Schiffer, bald als Soldat, bald als Mufti geht er umher und schaut, ob alles recht und in Ordnung sei. Daher kommt es aber auch, dass man in keiner Stadt nachts so höflich gegen jeden Narren ist, auf den man stößt, wie in Bagdad, denn es könnte ebenso gut der Kalif wie ein schmutziger Araber aus der Wüste sein, und es wächst Holz genug, um allen Menschen in und um Bagdad die Bastonade zu geben.“ So sprach der Kaufmann, und Said, so sehr ihn die Sehnsucht nach seinem Vater quälte, freute sich doch, Bagdad und den berühmten Harun Al-Raschid zu sehen.

Nach zehn Tagen kamen sie in Bagdad an, und Said staunte und bewunderte die Herrlichkeit dieser Stadt, die damals gerade in ihrem höchsten Glanz war. Der Kaufmann lud ihn ein, mit in sein Haus zu kommen, und Said nahm es gerne an, denn jetzt erst unter dem Gewühl der Menschen fiel es ihm ein, dass hier wahrscheinlich außer der Luft und dem Wasser des Tigris und einem Nachtlager auf den Stufen einer Moschee nichts umsonst zu haben sein werde.

Den Tag nach seiner Ankunft, als er sich eben angekleidet hatte und sich gestand, dass er in diesem prachtvollen kriegerischen Aufzug sich in Bagdad wohl sehen lassen könne und vielleicht manchen Blick auf sich ziehe, trat der Kaufmann in sein Zimmer.

Er betrachtete den schönen Jüngling mit schelmischem Lächeln, strich sich den Bart und sprach dann: „Das ist alles recht schön, junger Herr! Aber was soll denn nun aus Euch werden? Ihr seid ein großer Träumer und denket nicht an den folgenden Tag, oder habt Ihr so viel Geld, um dem Kleid gemäß zu leben, das Ihr traget?" – „Lieber Herr Kalum-Beck", sprach der Jüngling verlegen und errötend, „Geld habe ich freilich nicht, aber vielleicht strecket Ihr mir etwas vor, womit ich heimreisen kann; mein Vater wird es gewiss richtig erstatten."

„Dein Vater, Bursche?" rief der Kaufmann laut lachend. „Ich glaube, die Sonne hat dir das Hirn verbrannt. Meinst du, ich glaube dir so aufs Wort das ganze Märchen, das du mir in der Wüste erzähltest, dass dein Vater ein reicher Mann in Balsora sei, du sein einziger Sohn und den Anfall der Araber und dein Leben in ihrer Horde und dies und jenes. Schon damals ärgerte ich mich über deine frechen Lügen und deine Unverschämtheit. Ich weiß, dass in Balsora alle reichen Leute Kaufleute sind, habe schon mit allen gehandelt und müsste von einem Benazar gehört haben, und wenn er nur sechstausend Tomans im Vermögen hätte. Es ist also entweder erlogen, dass du aus Balsora bist, oder dein Vater ist ein armer Schlucker, dessen hergelaufenem Jungen ich keine Kupfermünze leihen mag. Sodann der Überfall in der Wüste! Wann hat man gehört, seit der weise Kalif Harun die Handelswege durch die Wüste gesichert hat, dass es Räuber gewagt haben, eine Karawane zu

plündern und sogar Menschen hinwegzuführen? Auch müsste es bekannt geworden sein; aber auf meinem ganzen Weg und auch hier in Bagdad, wo Menschen aus allen Gegenden der Welt zusammenkommen, hat man nichts davon gesprochen. Das ist die zweite Lüge, junger, unverschämter Mensch!“

Bleich vor Zorn und Unmut wollte Said dem kleinen bösen Mann in die Rede fallen; jener aber schrie stärker als er und focht dazu mit den Armen. „Und die dritte Lüge, du frecher Lügner, ist die Geschichte im Lager Selims. Selims Name ist wohl bekannt unter allen, die jemals einen Araber gesehen haben, aber Selim ist bekannt als der schrecklichste und grausamste Räuber, und du wagst zu erzählen, du habest seinen Sohn getötet und seiest nicht sogleich in Stücke gehauen worden. Ja, du treibest die Frechheit so weit, dass du das Unglaubliche sagst, Selim habe dich gegen seine Horde beschützt, in sein eigenes Zelt aufgenommen und ohne Lösegeld entlassen, statt dass er dich aufgehängt hätte an den nächsten besten Baum, er, der oft Reisende gehängt hat, nur um zu sehen, welche Gesichter sie machen, wenn sie aufgehängt sind. O du abscheulicher Lügner!“

„Und ich kann nichts weiter sagen“, rief der Jüngling, „als dass alles wahr ist bei meiner Seele und beim Bart des Propheten!“

„Was, bei deiner Seele willst du schwören?“ schrie der Kaufmann, „bei deiner schwarzen, lügenhaften Seele? Wer soll da glauben? Und beim Bart des Propheten, du, der du selbst keinen Bart hast? Wer soll da trauen?“

„Ich habe freilich keinen Zeugen“, fuhr Said fort, „aber habt Ihr mich nicht gefesselt und elend gefunden?“

„Das beweist mir gar nichts“, sprach jener, „du bist gekleidet wie ein stattlicher Räuber, und leicht hast du einen angefallen, der stärker war als du, dich überwand und band.“

„Den einzelnen oder sogar zwei möchte ich sehen“, entgegnete Said,

„die mich niederstrecken und binden, wenn sie mir nicht von hinten eine Schlinge über den Kopf werfen. Ihr mögt in Eurem Basar freilich nicht wissen, was ein einzelner vermag, wenn er in den Waffen geübt ist. Aber Ihr habt mir das Leben gerettet, und ich danke Euch. Was wollt Ihr denn aber jetzt mit mir beginnen? Wenn Ihr mich nicht unterstützet, so muss ich betteln, und ich mag keinen meinesgleichen um eine Gnade anflehen; an den Kalifen will ich mich wenden."

„So?" sprach der Kaufmann, höhnisch lächelnd. „An niemand anders wollt Ihr Euch wenden als an unsern allergnädigsten Herrn? Das heiße ich vornehm betteln! Ei, ei! Bedenket aber, junger vornehmer Herr, dass der Weg zum Kalifen an meinem Vetter Messour vorbeigeht und dass es mich ein Wort kostet, den Oberkämmerer darauf aufmerksam zu machen, wie trefflich Ihr lügen könnet. – Aber mich dauert deine Jugend, Said. Du kannst dich bessern, es kann noch etwas aus dir werden. Ich will dich in mein Gewölbe im Basar nehmen, dort sollst du mir ein Jahr lang dienen, und ist dies vorbei und willst du nicht bei mir bleiben, so zahle ich dir deinen Lohn aus und lasse dich gehen, wohin du willst, nach Aleppo oder Medina, nach Stambul oder nach Balsora, meinetwegen zu den Ungläubigen. Bis Mittag gebe ich dir Bedenkzeit. Willst du, so ist es gut, willst du nicht, so berechne ich dir nach billigem Anschlag die Reisekosten, die du mir machtest, und den Platz auf dem Kamel, mache mich mit deinen Kleidern und allem, was du hast, bezahlt und werfe dich auf die Straße, dann kannst du beim Kalifen, an der Moschee oder im Basar betteln."

Mit diesen Worten verließ der böse Mann den unglücklichen Jüngling. Said blickte ihm voll Verachtung nach. Er war so empört über die Schlechtigkeit dieses Menschen, der ihn absichtlich mitgenommen und in sein Haus gelockt hatte, damit er ihn in seine Gewalt bekäme. Er versuchte, ob er nicht entfliehen könnte, aber sein Zimmer war vergittert und die Türe verschlossen.

Endlich, nachdem sein Sinn sich lange dagegen gesträubt hatte, beschloss er, fürs erste den Vorschlag des Kaufmanns anzunehmen und ihm in seinem Gewölbe zu dienen. Er sah ein, dass ihm nichts Besseres zu tun übrigbleibe; denn wenn er auch entfloh, so konnte er ohne Geld doch nicht bis Balsora kommen.

Aber er nahm sich vor, sobald als möglich den Kalifen selbst um Schutz anzuflehen.

Den folgenden Tag führte Kalum-Beck seinen neuen Diener in sein Gewölbe im Basar. Er zeigte Said alle Schals und Schleier und andere Waren, womit er handelte, und wies ihm seinen besonderen Dienst an. Dieser bestand darin, dass Said, angekleidet wie ein Kaufmannsdiener und nicht mehr im kriegerischen Schmuck, in der einen Hand einen Schal, in der andern einen prachtvollen Schleier, unter der Türe des Gewölbes stand, die vorübergehenden Männer oder Frauen anrief, seine Waren – vorzeigte, ihren Preis nannte und die Leute zum Kaufen einlud, und jetzt konnte sich Said auch erklären, warum ihn Kalum-Beck zu diesem Geschäft bestimmt habe.

Er war ein kleiner, hässlicher Alter, und wenn er selbst unter dem Laden stand und anrief, so sagte mancher Nachbar oder auch einer der Vorübergehenden ein witziges Wort über ihn, oder die Knaben spotteten seiner, und die Frauen nannten ihn eine Vogelscheuche; aber jedermann sah gerne den jungen schlanken Said, der mit Anstand die Kunden anrief und Schal und Schleier geschickt zu halten wusste.

Als Kalum-Beck sah, dass sein Laden im Basar an Kunden zunahm, seitdem Said unter der Türe stand, wurde er freundlicher gegen den jungen Mann, speiste ihn besser als zuvor und war darauf bedacht, ihn in seiner Kleidung immer schön und stattlich zu halten. Aber Said wurde durch solche Beweise der milderen Gesinnung seines Herrn wenig gerührt und sann den ganzen Tag und selbst in seinen Träumen auf gute Art und Weise, um in seine Vaterstadt zurückzukehren.

Eines Morgens, Sais stand wieder vor dem Gewölbe, ging eine alte Frau an ihm vorbei. Sie fragte ihn, ob er nicht einige Packstücke zu ihr nach Hause tragen könne. Said willigte ein und folgte der Frau, die leichteren Schrittes, als man ihrem Alter zutrauen sollte, durch den Markt und die Straßen eilte. Sie stand endlich vor einem prachtvollen Hause still, pochte an, die Flügeltüren sprangen auf, und sie stieg eine Marmortreppe hinan und winkte Said zu folgen. Sie gelangten endlich in einen hohen, weiten Saal, der mehr Pracht und Herrlichkeit enthielt, als Said jemals geschaut hatte. Dort setzte sich die alte Frau erschöpft auf ein Polster, winkte dem jungen Mann, seinen Pack niederzulegen, reichte ihm ein kleines Silberstück und hieß ihn gehen.

Er war schon an der Türe, als eine helle, feine Stimme „Said“ rief. Verwundert, dass man ihn hier kenne, schaute er sich um, und eine wunderschöne Dame, umgeben von vielen Sklaven und Dienerinnen, saß statt der Alten auf dem Polster. Said, ganz stumm vor Verwunderung, kreuzte seine Arme und machte eine tiefe Verbeugung.

„Said, mein lieber Junge“, sprach die Dame, „so sehr ich die Unfälle bedaure, die dich nach Bagdad führten, so war doch dies der einzige vom Schicksal bestimmte Ort, wo sich, wenn du vor dem zwanzigsten Jahr dein Vaterhaus verließest, dein Schicksal lösen würde. Said, hast du noch dein Pfeifchen?“

„Wohl hab ich es noch“, rief er freudig, indem er die goldene Kette hervorzog, „und Ihr seid vielleicht die gütige Fee, die mir dieses Angebinde gab, als ich geboren wurde?“

„Ich war die Freundin deiner Mutter“, antwortete die Fee, „und bin auch deine Freundin, so lange du gut bleibst. Ach, dass dein Vater, der leichtsinnige Mann, meinen Rat befolgt hätte! Du würdest vielen Leiden entgangen sein.“

„Nun, es hat wohl so kommen müssen!“ erwiderte Said. „Aber, gnädigste Fee, lasset einen tüchtigen Nordostwind an Euren Wolkenwagen

spannen, nehmet mich auf und führt mich in ein paar Minuten nach Balsora zu meinem Vater. Ich will dann die sechs Monate bis zu meinem zwanzigsten Jahre geduldig dort ausharren."

Die Fee lächelte.

„Du hast eine gute Weise, mit uns zu sprechen", antwortete sie, „aber, armer Said, es ist nicht möglich. Ich vermag jetzt, wo du außer deinem Vaterhause bist, nichts Wunderbares für dich zu tun. Nicht einmal aus der Gewalt des elenden Kalum-Beck vermag ich dich zu befreien. Er steht unter dem Schutze deiner mächtigen Feindin."

„Also nicht nur eine gütige Freundin habe ich?" fragte Said, „auch eine Feindin? Nun, ich glaube ihren Einfluss schon öfter erfahren zu haben. Aber mit Rat dürfet Ihr mich doch unterstützen? Soll ich nicht zum Kalifen gehen und ihn um Schutz bitten? Er ist ein weiser Mann, er wird mich gegen Kalum-Beck beschützen."

„Ja, Harun ist ein weiser Mann!" erwiderte die Fee. „Aber leider ist er auch nur ein Mensch. Er traut seinem Großkämmerer Messour so viel als sich selbst, und er hat recht, denn er hat Messour erprobt und treu gefunden. Messour aber traut deinem Freund Kalum-Beck auch wie sich selbst, und darin hat er unrecht, denn Kalum ist ein schlechter Mann, wenn er schon Messours Verwandter ist. Kalum ist zugleich ein verschlagener Kopf und hat, sobald er hierher kam, seinem Vetter Großkämmerer eine Fabel über dich erdichtet und angeheftet, und dieser hat sie wieder dem Kalifen erzählt, so dass du, kämest du auch jetzt gleich in den Palast Harns, schlecht empfangen werden würdest, denn er traute dir nicht. Aber es gibt andere Mittel und Wege, sich ihm zu nahen, und es steht in den Sternen geschrieben, dass du seine Gnade erwerben sollst."

„Das ist freilich schlimm", sagte Said wehmütig. „Da werde ich schon noch einige Zeit der Ladenhüter des elenden Kalum-Beck sein müssen. Aber eine Gnade, verehrte Frau, könnet Ihr mir doch gewähren. Ich bin zum Waffenwerk erzogen, und meine höchste Freude ist ein Kampfspiel, wo recht tüchtig gefochten wird mit Lanze, Bogen und stumpfem Schwert. Nun halten die edelsten Jünglinge dieser Stadt alle Wochen ein solches Kampfspiel. Aber nur Leute im höchsten Schmuck und überdies nur freie Männer dürfen in die Schranken reiten, namentlich aber kein Diener aus dem Basar. Wenn Ihr nun bewirken könntet, dass ich alle Woche ein Pferd, Kleider und Waffen haben könnte und dass man mein Gesicht nicht so leicht erkennte."

„Das ist ein Wunsch, wie ihn ein edler junger Mann wohl wagen darf", sprach die Fee. „Der Vater deiner Mutter war der tapferste Mann in Syrien, und sein Geist scheint sich auf dich vererbt zu haben. Merke dir dies Haus. Du sollst jede Woche hier ein Pferd und zwei berittene Knappen, ferner Waffen und Kleider finden und ein Waschwasser für dein Gesicht, das dich für alle Augen unkenntlich machen soll. Und nun, Said, lebe wohl! Harre aus und sei klug und tugendhaft! In sechs Monaten wird das Pfeifchen tönen, und Zulimas Ohr für seine Töne offen sein."

Der Jüngling schied von seiner wunderbaren Beschützerin mit Dank und Verehrung. Er merkte sich das Haus und die Straße genau und ging dann wieder nach dem Basar.

Bald hatte Said erreicht, was er wollte. Am nächsten Mittwoch, dem Tag, wo sich die jungen Leute aus den vornehmsten Ständen auf einem öffentlichen Platz der Stadt versammelten, um ihre kriegerischen Übungen zu halten, sagte er zu Kalum, er wolle diesen Abend für sich benützen, und als dieser es erlaubt hatte, ging er in die Straße, wo die Fee wohnte, pochte an, und sogleich sprang die Pforte auf. Die Diener schienen auf seine Ankunft schon vorbereitet gewesen zu sein, denn ohne ihn erst nach seinem Begehren zu fragen, führten sie ihn die Treppe hinan in ein schönes Gemach; dort reichten sie ihm zuerst das Waschwasser, das ihn unkenntlich machen sollte. Er benetzte sein Gesicht damit, schaute dann in einen Metallspiegel und kannte sich bei-

nahe selbst nicht mehr, denn er war jetzt von der Sonne gebräunt, trug einen schönen schwarzen Bart und sah zum mindesten zehn Jahre älter aus, als er in der Tat zählte.

Hierauf führten sie ihn in ein zweites Gemach, wo er eine vollständige und prachtvolle Kleidung fand, in welcher sich der Kalif von Bagdad selbst nicht hätte schämen dürfen an dem Tag, wo er im vollen Glänze seiner Herrlichkeit sein Heer musterte.

Außer einem Turban vom feinsten Gewebe mit einer Agraffe von Diamanten und hohen Reiherfedern, einem Kleid von schwerem rotem Seidenzeug, mit silbernen Blumen durchwirkt, fand Said einen Brustpanzer von silbernen Ringen, der so fein gearbeitet war, dass er sich nach jeder Bewegung des Körpers schmiegte, und doch zugleich so fest, dass ihn weder die Lanze noch das Schwert durchdringen konnten. Eine Damaszenerklinge in reich verzierter Scheide mit einem Griff, dessen Steine Said unschätzbar deuchten, vollendete seinen kriegerischen Schmuck.

Als er völlig gerüstet wieder aus der Türe trat, überreichte ihm einer der Diener ein seidenes Tuch und sagte ihm, dass die Gebieterin des Hauses ihm dieses Tuch schicke. Wenn er damit sein Gesicht abwische, so werde der Bart und die braune Farbe verschwinden.

In dem Hof des Hauses standen drei schöne Pferde. Das schönste bestieg Said, die beiden andern seine Diener, und dann trabte er freudig dem Platze zu, wo die Kampfspiele gehalten werden sollten. Durch den Glanz seiner Kleider und die Pracht seiner Waffen zog er aller Augen auf sich, und ein allgemeines Geflüster des Staunens entstand, als er in den Ring einritt. Es war eine glänzende Versammlung der tapfersten und edelsten Jünglinge Bagdads; selbst die Brüder des Kalifen sah man ihre Rosse tummeln und die Lanzen schwingen.

Als Said heranritt und niemand ihn zu kennen schien, ritt der Sohn des Großwesirs mit einigen Freunden auf ihn zu, grüßte ihn ehrerbietig, lud ihn ein, an ihren Spielen teilzunehmen, und fragte ihn nach seinem Namen und seinem Vaterland.

Said gab vor, er heiße Almansor und komme von Kairo, sei auf einer Reise und habe von der Tapferkeit und Geschicklichkeit der jungen Edeln von Bagdad vieles gehört, dass er nicht gesäumt habe, sie zu sehen und kennen zu lernen. Den jungen Leuten gefiel der Anstand und das mutige Wesen Said-Almansors. Sie ließen ihm eine Lanze reichen und seine Partie wählen, denn die ganze Gesellschaft hatte sich in zwei Partien geteilt, um einzeln und in Scharen gegeneinander zu fechten.

Aber hatte schon Saids Äußeres die Aufmerksamkeit auf ihn gelenkt, so staunte man jetzt noch mehr über seine ungewöhnliche Geschicklichkeit und Behändigkeit. Sein Pferd war schneller als ein Vogel, und sein Schwert schwirrte noch behänder umher. Er warf die Lanze so leicht, als wäre sie ein Pfeil, den er von einem sicheren Bogen abgeschnellt hätte. Die Tapfersten seiner Gegenpartei besiegte er, und am Schluss der Spiele war er so allgemein als Sieger anerkannt, dass einer der Brüder des Kalifen und der Sohn des Großwesirs, die auf Saids Seite gekämpft hatten, ihn baten, auch mit ihnen zu streiten. Ali, der Bruder des Kalifen, wurde von ihm besiegt; aber der Sohn des Großwesirs widerstand ihm so tapfer, dass sie es nach langem Kampfe für besser hielten, die Entscheidung für das nächste Mal aufzusparen.

Den Tag nach diesen Spielen sprach man in ganz Bagdad von nichts als dem schönen, reichen und tapfern Fremdling. Das nächste Mal fand er im Hause der Fee ein noch schöneres Kleid und noch köstlicheren Waffenschmuck. Diesmal hatte sich halb Bagdad zugedrängt, selbst der Kalif sah von einem Balkon herab dem Schauspiel zu; auch er bewunderte den Fremdling Almansor und hing ihm, als die Spiele geendet hatten, eine große Denkmünze von Gold an einer goldenen Kette um den Hals, um ihm seine Bewunderung zu bezeigen. Es konnte nicht anders kommen, als dass dieser zweite, noch glänzendere Sieg den Neid der jungen Leute von Bagdad erregte. „Ein Fremdling“, sprachen sie untereinander, „soll hierher kommen nach Bagdad, uns Ruhm, Ehre und Sieg zu entreißen? Er soll sich an andern Orten damit brüsten können, dass unter der Blüte von Bagdads Jünglingen keiner gewesen sei, der es entfernt hätte mit ihm aufnehmen können?“ So sprachen sie und beschlossen, beim nächsten Kampfspiel, als wäre es durch Zufall geschehen, zu fünf oder sechs über ihn herzufallen.

Saids scharfen Blicken entgingen diese Zeichen des Unmuts nicht. Er sah, wie sie in der Ecke zusammenstanden, flüsterten und mit bösen Mienen auf ihn deuteten. Er ahnte, dass außer dem Bruder des Kalifen und dem Sohn des Großwesirs keiner sehr freundlich gegen ihn gesinnt sein möchte, und diese selbst wurden ihm durch ihre Fragen lästig, wo sie ihn aufsuchen könnten, womit er sich beschäftige, was ihm in Bagdad Wohlgefallen habe und dergleichen.

Es war ein sonderbarer Zufall, dass derjenige der jungen Männer, welcher Said-Almansor mit den grimmigsten Blicken betrachtete und am feindseligsten gegen ihn gesinnt schien, niemand anders war als der Mann, den er vor einiger Zeit bei Kalum-Becks Bude niedergeworfen hatte, als er gerade im Begriff war, dem unglücklichen Kaufmann den Bart auszureißen.

Dieser Mann betrachtete ihn immer aufmerksam und neidisch, Said hatte ihn zwar schon einigemal besiegt, aber dies war kein Grund zu solcher Feindseligkeit, und Said fürchtete schon, jener möchte ihn an seinem Wuchs oder an der Stimme als Kalum-Becks Ladendiener erkannt haben, eine Entdeckung, die ihn dem Spott und der Rache dieser Leute aussetzen würde.

Der Anschlag, welchen seine Neider auf ihn gemacht hatten, scheiterte sowohl an seiner Vorsicht und Tapferkeit als auch an der Freundschaft, womit ihm der Bruder des Kalifen und der Sohn des Großwesirs zugetan waren. Als diese sahen, dass er von wenigstens sechs umringt sei, die ihn vom Pferd zu werfen oder zu entwaffnen suchten, sprengten sie herbei, jagten den ganzen Trupp auseinander und drohten den jungen Leuten, welche so verräterisch gehandelt hatten, sie aus der Kampfbahn zu stoßen.

Mehr denn vier Monate hatte Said auf diese Weise zum Erstaunen Bagdads seine Tapferkeit erprobt, als er eines Abends beim Nachhausegehen von dem Kampfplatz einige Stimmen vernahm, die ihm bekannt schienen.

Vor ihm gingen vier Männer, die sich langsamen Schrittes über etwas zu beraten schienen. Als Said leise näher trat, hörte er, dass sie den Dialekt der Horde Selims in der Wüste sprachen, und ahnte, dass die vier Männer auf irgendeine Räuberei ausgingen. Sein erstes Gefühl war, sich von diesen vieren zurückzuziehen; als er aber bedachte, dass er irgend etwas Böses verhindern könnte, schlich er sich noch näher herzu, diese Männer zu behorchen.

„Der Türsteher hat ausdrücklich gesagt, die Straße rechts vom Basar“, sprach der eine, „dort werde und müsse er heute Nacht mit dem Großwesir durchkommen.“

„Gut“, antwortete ein anderer. „Den Großwesir fürchte ich nicht. Er ist alt und wohl kein sonderlicher Held, aber der Kalif soll ein gutes Schwert führen, und ich traue ihm nicht. Es schleichen ihm gewiss zehn oder zwölf von der Leibwache nach.“

„Keine Seele“, entgegnete ihm ein Dritter. „Wenn man ihn je gesehen und erkannt hat bei Nacht, war er immer nur allein mit dem Wesir oder mit dem Oberkämmerling. Heute Nacht muss er unser sein, aber es darf ihm kein Leid geschehen.“

„Ich denke, das Beste ist“, sprach der erste, „wir werfen ihm eine Schlinge über den Kopf. Töten dürfen wir ihn nicht, denn für seinen Leichnam würden sie ein geringes Lösegeld geben, und überdies wären wir nicht sicher, es zu bekommen.“

„Also eine Stunde vor Mitternacht!“ sagten sie zusammen und schieden, der eine hierhin, der andere dorthin.

Said war über diesen Anschlag nicht wenig erschrocken. Er beschloss, sogleich zum Palast des Kalifen zu eilen und ihn von der Gefahr, die ihm drohte, zu unterrichten. Aber als er schon durch mehrere Straßen gelaufen war, fielen ihm die Worte der Fee bei, die ihm gesagt hatte, wie schlecht er bei dem Kalifen angeschrieben sei. Er bedachte, dass man vielleicht seine Angabe verlachen oder als einen Versuch, bei dem Beherrscher von Bagdad sich einzuschmeicheln, ansehen könnte, und so hielt er seine Schritte an und achtete es für das beste, sich auf sein gutes Schwert zu verlassen und den Kalifen persönlich aus den Händen der Räuber zu retten.

Er ging daher nicht in Kalum-Becks Haus zurück, sondern setzte sich auf die Stufen einer Moschee und wartete dort, bis die Nacht völlig angebrochen war. Dann ging er am Basar vorbei in jene Straße, welche die Räuber bezeichnet hatten, und verbarg sich hinter dem Vorsprung eines Hauses. Er mochte ungefähr eine Stunde dort gestanden sein, als er zwei Männer langsam die Straße herabkommen hörte. Anfänglich glaubte er, es sei der Kalif und sein Großwesir, aber einer der Männer klatschte in die Hand, und sogleich eilten zwei andere sehr leise die Straße herauf vom Basar her. Sie flüsterten eine Weile und verteilten sich dann. Drei versteckten sich nicht weit von ihm, und einer ging in der Straße auf und ab.

Die Nacht war sehr finster, aber stille, und so musste sich Said auf sein scharfes Ohr beinahe ganz allein verlassen.

Wieder war etwa eine halbe Stunde vergangen, als man gegen den Basar hin Schritte vernahm. Der Räuber mochte sie auch gehört haben, er schlich an Said vorüber dem Basar zu. Die Schritte kamen näher, und schon konnte Said einige dunkle Gestalten erkennen, als der Räuber in die Hände klatschte, und in demselben Augenblicke stürzten die drei aus dem Hinterhalt hervor. Die Angegriffenen mussten übrigens bewaffnet sein, denn er vernahm den Klang von aneinander geschlagenen Schwertern.

Sogleich zog er seine Damaszenerklinge und stürzte sich mit dem Ruf: „Nieder mit den Feinden des großen Harun!“ auf die Räuber, streckte mit dem ersten Hieb einen zu Boden und drang dann auf zwei andere ein, die eben im Begriff waren, einen Mann, um welchen sie einen Strick geworfen hatten, zu entwaffnen.

Er hieb blindlings auf den Strick ein, um ihn zu zerschneiden, aber er traf dabei einen der Räuber so heftig über den Arm, dass er ihm die Hand abschlug; der Räuber stürzte mit fürchterlichem Geschrei auf die Knie. Jetzt wandte sich der vierte, der mit einem andern Mann gefochten hatte, gegen Said, der noch mit dem dritten im Kampf war; aber der Mann, um welchen man die Schlinge geworfen hatte, sah sich nicht so bald frei, als er seinen Dolch zog und ihn dem Angreifenden von der Seite in die Brust stieß. Als dies der noch Übriggebliebene sah, warf er seinen Säbel weg und floh.

Said blieb nicht lange in Ungewissheit, wen er gerettet habe, denn der größere der beiden Männer trat zu ihm und sprach: „Das eine ist so sonderbar wie das andere, dieser Angriff auf mein Leben und die unbegreifliche Hilfe und Rettung. Wie wusstet Ihr, wer ich bin? Habt Ihr von dem Anschlag dieser Menschen gewusst?“

„Beherrscher der Gläubigen“, antwortete Said, „denn ich zweifle nicht, dass du es bist, ich ging heute Abend durch die Straße El Malek hinter einigen Männern, deren fremden und geheimnisvollen Dialekt ich einst gelernt habe. Sie sprachen davon, dich gefangen zu nehmen und den würdigen Mann, deinen Wesir, zu töten. Weil es nun zu spät war, dich zu warnen, beschloss ich, an den Platz zu gehen, wo sie dir auflauern wollten, um dir beizustehen.“

„Danke dir“, sprach Harun, „an dieser Stätte ist übrigens nicht gut weilen. Nimm diesen Ring und komm damit morgen in meinen Palast. Wir wollen dann mehr über dich und deine Hilfe reden und sehen, wie ich dich am besten belohnen kann.

Komm, Wesir, wir gehen, sie können wiederkommen.“

Er sprach es und wollte den Großwesir fortziehen, nachdem er dem Jüngling einen Ring an den Finger gesteckt hatte. Dieser aber bat ihn, noch ein wenig zu verweilen, wandte sich um und reichte dem überraschten Jüngling einen schweren Beutel.

„Junger Mann“, sprach er, „mein Herr, der Kalif, kann dich zu allem machen, wozu er will, selbst zu meinem Nachfolger, ich selbst kann wenig tun, und was ich tun kann, geschieht heute besser als morgen, drum nimm diesen Beutel! Das soll meinen Dank übrigens nicht abkaufen. Sooft du irgendeinen Wunsch hast, komm getrost zu mir!“

Er eilte nach Hause, wurde hier aber übel empfangen. Said, der einen Blick in den mit Goldstücken gefüllten Beutel getan hatte, erklärte Kalum-Beck, dass er keine Stunde länger bei ihm bleiben werde.

Er sprach es und lief zur Türe hinaus, und Kalum-Beck schaute ihm sprachlos vor Staunen nach. Den andern Morgen aber, nachdem er sich den Fall recht überlegt hatte, schickte er seine Packknechte aus und ließ überall nach dem Flüchtling spähen. Lange suchten sie umsonst, endlich aber kam einer zurück und sagte, er habe Said, den Ladendiener, aus einer Moschee kommen und in eine Karawanserei gehen sehen. Er sei aber ganz verändert, trage ein schönes Kleid, einen Dolch und Säbel und einen prachtvollen Turban.

Als Kalum-Beck dies hörte, schwur er und rief: „Bestohlen hat er mich und sich dafür gekleidet. Oh, ich geschlagener Mann!“

Dann lief er zum Aufseher der Polizei, und da man wusste, dass er ein Verwandter von Messour dem Oberkämmerling sei, so wurde es ihm nicht schwer, einige Polizeidiener von ihm zu erlangen, um Said zu verhaften.

Said saß vor einer Karawanserei und besprach sich ganz ruhig mit einem Kaufmann, den er da gefunden, über eine Reise nach Balsora, seiner Vaterstadt; da fielen plötzlich einige Männer über ihn her und banden ihm trotz seiner Gegenwehr die Hände auf den Rücken.

Er fragte sie, was sie zu dieser Gewalttat berechtige, und sie antworteten, es geschehe im Namen der Polizei und seines rechtmäßigen Gebieters Kalum-Beck. Zugleich trat der kleine, hässliche Mann herzu, verhöhnte und erspottete Said, griff in seine Tasche und zog zum Staunen der Umstehenden und mit Triumphgeschrei einen großen Beutel mit Gold heraus.

„Sehet! Das alles hat er mir nach und nach gestohlen, der schlechte Mensch!“ rief er, und die Leute sahen mit Abscheu auf den Gefangenen und riefen: „Wie! Noch so jung, so schön und doch so schlecht! Zum Gericht, zum Gericht, damit er die Bastonade erhalte.“ So schleppten sie ihn fort, und ein ungeheurer Zug Menschen aus allen Ständen schloss sich an. Sie riefen: „Sehet, das ist der schöne Ladendiener vom Basar. Er hat seinen Herrn bestohlen und ist entflohen. Zweihundert Goldstücke hat er gestohlen.“

Der Aufseher der Polizei empfing den Gefangenen mit finsterer Miene. Said wollte sprechen, aber der Beamte gebot ihm zu schweigen und verhörte nur den kleinen Kaufmann. Er zeigte ihm den Beutel und fragte ihn, ob ihm dieses Gold gestohlen worden sei. Kalum-Beck beschwor es, aber sein Meineid verhalf ihm zwar zu dem Gold, doch nicht zu dem schönen Ladendiener, der ihm tausend Goldstücke wert war, denn der Richter sprach: „Nach einem Gesetz, das mein großmächtigster Herr, der Kalif, erst vor wenigen Tagen geschärft hat, wird jeder Diebstahl, der hundert Goldstücke übersteigt und auf dem Basar begangen wird, mit ewiger Verbannung auf eine wüste Insel bestraft. Dieser Dieb kommt gerade zu rechter Zeit, er macht die Zahl von zwanzig solcher Burschen voll. Morgen werden sie auf eine Barke gepackt und in die See geführt.“ Said war in Verzweiflung. Er beschwor den Beamten, ihn anzuhören, ihn nur ein Wort mit dem Kalifen sprechen zu lassen, aber er fand keine Gnade.

Kalum-Beck, der jetzt seinen Schwur bereute, sprach ebenfalls für ihn, aber er Richter antwortete: „Du hast dein Gold und kannst zufrieden sein, gehe nach Hause und verhalte dich ruhig, sonst strafe ich dich für jeden Widerspruch um zehn Goldstücke.“ Kalum schwieg bestürzt, der Richter aber winkte, und der unglückliche Said wurde abgeführt. Man brachte ihn in ein finsteres und feuchtes Gefängnis. Neunzehn elende Menschen lagen dort auf Stroh umher und empfingen ihn als ihren Leidensgefährten mit rohem Gelächter und Verwünschungen gegen den Richter und den Kalifen.

Am Morgen brachte man die Gefangenen zum Ablegeplatz, die Anker wurden gelichtet, und Said weinte bittere Tränen, als das Schiff, das ihn von seinem Vaterlande entführen sollte, sich zu bewegen anfing. Nur einmal des Tages teilte man ihnen ein wenig Brot und Früchte und einen Trunk süßen Wassers aus, und so dunkel war es in dem Schiffsraum, dass man immer Lichter herabbringen musste, wenn die Gefangenen speisen sollten.

Beinahe alle zwei, drei Tage fand man einen Toten unter ihnen, so ungesund war die Luft in diesem Wasserkerker, und Said wurde nur durch seine Jugend und seine feste Gesundheit erhalten.

Vierzehn Tage waren sie schon auf dem Wasser, als eines Tages die Wellen heftiger rauschten und ein ungewöhnliches Treiben und Rennen auf dem Schiffe entstand.

Said ahnte, dass ein Sturm im Anzug sei; es war ihm sogar angenehm, denn er hoffte dann zu sterben.

Heftiger wurde das Schiff hin und her geworfen, und endlich saß es mit schrecklichem Krachen fest. Geschrei und Geheul scholl von dem Verdeck herab und mischte sich mit dem Brausen des Sturmes. Endlich

wurde es wieder stille, aber zu gleicher Zeit entdeckte auch einer der Gefangenen, dass das Wasser in das Schiff eindringe. Sie pochten an der Falltüre nach oben, aber man antwortete ihnen nicht. Als daher das Wasser immer heftiger eindrang, drängten sie sich mit vereinigten Kräften gegen die Türe und sprengten sie auf.

Sie stiegen die Treppe hinan, aber oben fanden sie keinen Menschen mehr. Die ganze Schiffsmannschaft hatte sich in Booten gerettet. Jetzt gerieten die meisten Gefangenen in Verzweiflung, denn der Sturm wütete immer heftiger, das Schiff krachte und senkte sich. Noch einige Stunden saßen sie auf dem Verdeck und hielten ihre letzte Mahlzeit von den Vorräten, die sie im Schiff gefunden.

Dann erneuerte sich auf einmal der Sturm, das Schiff wurde von der Klippe, worauf es festsaß, hinweggerissen und brach zusammen.

Said hatte sich am Mast angeklammert und hielt ihn, als das Schiff geborsten war, noch immer fest. Die Wellen warfen ihn hin und her, aber er hielt sich, mit den Füßen rudernd, immer wieder oben.

So schwamm er in immerwährender Todesgefahr eine halbe Stunde; da fiel die Kette mit dem Pfeifchen wieder aus seinem Kleid, und noch einmal wollte er versuchen, ob es nicht töne. Mit der einen Hand klammerte er sich fest, mit der andern setzte er es an seinen Mund, blies, ein heller, klarer Ton erscholl, und augenblicklich legte sich der Sturm, und die Wellen glätteten sich, als hätte man Öl darauf ausgegossen.

Kaum hatte er sich mit leichterem Atem umgesehen, ob er nicht irgendwo Land erspähen könnte, als der Mast unter ihm sich auf eine sonderbare Weise auszudehnen und zu bewegen anfing, und zu seinem nicht geringen Schrecken nahm er wahr, dass er nicht mehr auf Holz, sondern auf einem ungeheuren Delfin reite.

Nach einigen Augenblicken aber kehrte seine Fassung zurück, und da er sah, dass der Delfin zwar schnell, aber ruhig und gelassen seine Bahn fortschwimme, schrieb er seine wunderbare Rettung dem Pfeifchen und der gütigen Fee zu und rief seinen Dank in die Lüfte. Pfeilschnell trug ihn sein wunderbares Pferd durch die Wogen, und noch ehe es Abend wurde, sah er Land und erkannte einen breiten Fluss, in welchen der Delfin auch sogleich einbog. Stromaufwärts ging es langsamer, und um nicht verschmachten zu müssen, nahm Said, der sich aus alten Zaubergeschichten erinnerte, wie man zaubern müsse, das Pfeifchen heraus, pfiff laut und herzhaft und wünschte sich dann ein gutes Mahl. Sogleich hielt der Fisch stille, und hervor aus dem Wasser tauchte ein Tisch, so wenig nass, als ob er acht Tage an der Sonne gestanden wäre, und reich besetzt mit köstlichen Speisen. Said griff weidlich zu, denn seine Kost während seiner Gefangenschaft war schmal und elend gewesen, und als er sich hinlänglich gesättigt hatte, sagte er Dank. Der Tisch tauchte nieder, er aber stauchte den Delfin in die Seite, und sogleich schwamm dieser weiter den Fluss hinauf.

Die Sonne fing schon an zu sinken, als Said in dunkler Ferne eine große Stadt erblickte, deren Minaretts ihm Ähnlichkeit mit denen von Bagdad zu haben schienen. Der Gedanke an Bagdad war ihm nicht sehr angenehm; aber sein Vertrauen auf die gütige Fee war so groß, dass er fest glaubte, sie werde ihn nicht wieder in die Hände des schändlichen Kalum-Beck fallen lassen. Zur Seite, etwa eine Meile von der Stadt und nahe am Fluss, erblickte er ein prachtvolles Landhaus, und zu seiner großen Verwunderung lenkte der Fisch nach diesem Hause hin.

Auf dem Dach des Hauses standen mehrere schön gekleidete Männer, und am Ufer sah Said eine große Menge Diener, und alle schauten nach ihm und schlugen vor Verwunderung die Hände zusammen. An einer Marmortreppe, die vom Wasser nach dem Lustschloss hinaufführte, hielt der Delfin an, und kaum hatte Said einen Fuß auf die Treppe gesetzt, so war auch schon der Fisch spurlos verschwunden. Zugleich eilten einige Diener die Treppe hinab und baten im Namen

ihres Herrn, zu ihm hinaufzukommen, und boten ihm trockene Kleider an. Er kleidete sich schnell um und folgte dann den Dienern auf das Dach, wo er drei Männer fand, von welchen der größte und schönste ihm freundlich und huldreich entgegenkam. „Wer bist du, wunderbarer Fremdling", sprach er, „der du die Fische des Meeres zähmst und sie links und rechts leitest, wie der beste Reiter sein Streitross? Bist du ein Zauberer oder ein Mensch wie wir?"

„Herr!" antwortete Said, „mir ist es in den letzten Wochen schlecht ergangen. Wenn Ihr aber Vergnügen daran findet, so will ich Euch erzählen." Und nun hub er an und erzählte den drei Männern seine Geschichte von dem Augenblick an, wo er seines Vaters Haus verlassen hatte, bis zu seiner wunderbaren Rettung. Oft wurde er von ihnen mit Zeichen des Staunens und der Verwunderung unterbrochen.

Als er aber geendet hatte, sprach der Herr des Hauses, der ihn so freundlich empfangen hatte: „Ich traue deinen Worten, Said! Aber du erzähltest uns, dass du im Wettkampfe eine Kette gewonnen und dass dir der Kalif einen Ring geschenkt; kannst du wohl diese uns zeigen?"

„Hier auf meinem Herzen habe ich beide verwahrt", sprach der Jüngling, „und nur mit meinem Leben hätte ich so teure Geschenke hergegeben, denn ich achte es für die ruhmvollste und schönste Tat, dass ich den großen Kalifen aus den Händen seiner Mörder befreite." Zugleich zog er Kette und Ring hervor und übergab beides den Männern.

„Beim Bart des Propheten, er ist's, es ist mein Ring!" rief derhohe, schöne Mann. „Großwesir, lass uns ihn umarmen, denn hier steht unser Retter!" Said war es wie im Traum, als diese zwei ihn umschlangen, aber alsobald warf er sich nieder und sprach: „Verzeihe, Beherrscher der Gläubigen, dass ich so vor dir gesprochen habe, denn du bist kein anderer als Harun Al-Raschid, der große Kalif von Bagdad."

„Der bin ich und dein Freund!“ antwortete Harun, „und von dieser Stunde an sollen sich alle deine trüben Schicksale wenden. Folge mir nach Bagdad, bleibe in meiner Umgebung und sei einer meiner vertrautesten Beamten, denn wahrlich, du hast in jener Nacht gezeigt, dass dir Harun nicht gleichgültig sei, und nicht jeden meiner treuesten Diener möchte ich auf die gleiche Probe stellen!“

Said dankte dem Kalifen. Er versprach ihm, auf immer bei ihm zu bleiben, wenn er zuvor eine Reise zu seinem Vater, der in großen Sorgen um ihn sein müsse, gemacht haben werde, und der Kalif fand dies gerecht und billig. Sie setzten sich bald zu Pferd und kamen noch vor Sonnenuntergang in Bagdad an. Der Kalif ließ Said eine lange Reihe prachtvoll geschmückter Zimmer in seinem Palast anweisen und versprach ihm noch überdies, ein eigenes Haus für ihn erbauen zu lassen.

Auf die erste Kunde von diesem Ereignis eilten die alten Waffenbrüder Saids, der Bruder des Kalifen und der Sohn des Großwesirs, herbei. Sie umarmten ihn als Retter dieser teuren Männer und baten ihn, er möchte ihr Freund werden.

Aber sprachlos wurden sie vor Erstaunen, als er sagte: „Euer Freund bin ich längst“, als er die Kette, die er als Kampfpreis erhalten, hervorzog und sie an dieses und jenes erinnerte.

Sie hatten ihn immer nur schwärzlichbraun und mit langem Bart gesehen, und erst, als er erzählte, wie und warum er sich entstellt habe, als er zu seiner Rechtfertigung stumpfe Waffen herbeibringen ließ, mit ihnen focht und ihnen den Beweis gab, dass er Almansor der Tapfere sei, erst dann umarmten sie ihn mit Jubel von neuem und priesen sich glücklich, einen solchen Freund zu haben.

Den folgenden Tag, als eben Said mit dem Großwesir bei Harun saß, trat Messour, der Oberkämmerer, herein und sprach: „Beherrscher der Gläubigen, so es anders sein kann, möchte ich dich um eine Gnade bitten.“

„Ich will zuvor hören“, antwortete Harun. „Draußen steht mein lieber leiblicher Vetter Kalum-Beck, ein berühmter Kaufmann auf dem Basar“, sprach er, „der hat einen sonderbaren Handel mit einem Mann aus Balsora, dessen Sohn bei Kalum-Beck diente, nachher gestohlen hat, dann entlaufen ist, und niemand weiß, wohin. Nun will aber der Vater seinen Sohn von Kalum haben, und dieser hat ihn doch nicht. Er wünscht daher und bittet um die Gnade, du möchtest kraft deiner großen Erleuchtung und Weisheit sprechen zwischen dem Mann aus Balsora und ihm.“

„Ich will richten“, erwiderte der Kalif. „In einer halben Stunde möge dein Herr Vetter mit seinem Gegner in den Gerichtssaal treten!“

Als Messour dankend gegangen war, sprach Harun: „Das ist niemand anders als dein Vater, Said, und da ich nun glücklicherweise alles, wie es ist, erfahren habe, will ich richten wie Salomo. Du, Said, verbirgst dich hinter dem Vorhang meines Thrones, bis ich dich rufe, und du, Großwesir, lässt mir sogleich den schlechten und voreiligen Polizeirichter holen! Ich werde ihn im Verhör brauchen.“

Sie taten beide, wie er befohlen. Saids Herz pochte stärker, als er seinen Vater bleich und abgehärmt, mit wankenden Schritten in den Gerichtssaal treten sah, und Kalum-Becks feines, zuversichtliches Lächeln, womit er zu seinem Vetter Oberkämmerer flüsterte, machte ihn so grimmig, dass er gerne hinter dem Vorhang hervor auf ihn losgestürzt wäre. Denn seine größten Leiden und Kümmernisse hatte er diesem schlechten Menschen zu danken.

Es waren viele Menschen im Saal, die den Kalifen Recht sprechen hören wollten. Der Großwesir gebot, nachdem der Herrscher von Bagdad auf seinem Thron Platz genommen hatte, Stille und fragte, wer hier als Kläger vor seinem Herrn erscheine.

Kalum-Beck trat mit frecher Stirne vor und sprach: „Vor einigen Tagen stand ich unter der Türe meines Gewölbes im Basar, als ein Ausrufer, einen Beutel in der Hand und diesen Mann hier neben sich, durch die Buden schritt und rief: ‚Einen Beutel Gold dem, der Auskunft geben kann über Said aus Balsora.‘ Dieser Said war in meinen Diensten gewesen, und ich rief daher: .Hierher, Freund! Ich kann den Beutel verdienen.‘ Dieser Mann, der jetzt so feindlich gegen mich ist, kam freundlich und fragte, was ich wüsste. Ich antwortete: ‚Ihr seid wohl Benazar, sein Vater?‘ Und als er dies freudig bejahte, erzählte ich ihm, wie ich den jungen Menschen in der Wüste gefunden, gerettet und gepflegt und nach Bagdad gebracht habe. In der Freude eines Herzens schenkte er mir den Beutel. Aber hört diesen unsinnigen Menschen. Wie ich ihm nun weiter erzählte, dass sein Sohn bei mir gedient habe, dass er schlechte Streiche gemacht, gestohlen habe und davongegangen sei, will er es nicht glauben, hadert schon seit einigen Tagen mit mir, fordert seinen Sohn und das Geld zurück, und beides kann ich nicht geben, denn das Geld gebührt mir für die Nachricht, die ich ihm gab, und seinen ungeratenen Burschen kann ich nicht herbeischaffen.“ Jetzt sprach auch Benazar. Er schilderte seinen Sohn, wie edel und tugendhaft er sei und dass er nie habe so schlecht sein können zu stehlen. Er forderte den Kalifen auf, streng zu untersuchen.

„Ich hoffe“, sprach Harun, „du hast, wie es Pflicht ist, den Diebstahl angezeigt, Kalum-Beck?“

„Ei freilich!“ rief jener lächelnd. „Vor den Polizeirichter habe ich ihn geführt.“

„Man bringe den Polizeirichter!“ befahl der Kalif.

Zum allgemeinen Erstaunen erschien dieser sogleich, wie durch Zauberei herbeigebracht.

Der Kalif fragte ihn, ob er sich dieses Handels erinnere, und dieser gestand den Fall zu. „Hast du den jungen Mann verhört, hat er den Diebstahl eingestanden?“ fragte Harun. „Nein, er war sogar so verstockt, dass er niemand als Euch selbst gestehen wollte!“ erwiderte der Richter.

„Aber ich erinnere mich nicht, ihn gesehen zu haben“, sagte der Kalif.

„Ei warum auch! Da müsste ich alle Tage einen ganzen Pack solches Gesindel zu Euch schicken, die Euch sprechen wollen.“

„Du weißt, dass mein Ohr für jeden offen ist“, antwortete Harun, „aber wahrscheinlich waren die Beweise über den Diebstahl so klar, dass es nicht nötig war, den jungen Menschen vor mein Angesicht zu bringen. Du hattest wohl Zeugen, dass das Geld, das dir gestohlen wurde, dein gehörte, Kalum?“

„Zeugen?“ fragte dieser erbleichend. „Nein, Zeugen hatte ich nicht, und Ihr wisset ja, Beherrscher der Gläubigen, dass ein Goldstück aussieht wie das andere. Woher konnte ich denn Zeugen nehmen, dass diese hundert Stücke in meiner Kasse fehlen?“

„An was erkanntest du denn, dass jene Summe gerade dir gehöre?“ fragte der Kalif.

„An dem Beutel, in welchem sie war“, erwiderte Kalum.

„Hast du den Beutel hier?“ forschte jener weiter.

„Hier ist er“, sprach der Kaufmann, zog einen Beutel hervor und reichte ihn dem Großwesir, damit er ihn dem Kalifen gebe.

Doch dieser rief mit verstelltem Erstaunen: „Beim Bart des Propheten! Der Beutel soll dein sein, du Hund? Mein gehörte dieser Beutel, und ich gab ihn, mit hundert Goldstücken gefüllt, einem braven jungen Manne, der mich aus einer großen Gefahr befreite.“

„Kannst du darauf schwören?“ fragte der Kalif.

„So gewiss, als ich einst ins Paradies kommen will“, antwortete der Wesir, „denn meine Tochter hat ihn selbst verfertigt.“

„Ei, ei!“ rief Harun. „So wurde dir also falsch berichtet, Polizeirichter? Warum hast du denn geglaubt, dass der Beutel diesem Kaufmann gehöre?“

„Er hat geschworen“, antwortete der Polizeirichter furchtsam.

„So hast du falsch geschworen!“ donnerte der Kalif den Kaufmann an, der erbleichend und zitternd vor ihm stand.

„Allah, Allah!“ rief jener. „Ich will gewiss nichts gegen den Herrn Großwesir sagen, er ist ein glaubwürdiger Mann, aber ach, der Beutel gehörte doch mir, und der nichtswürdige Said hat ihn gestohlen. Tausend Toman wollte ich geben, wenn er jetzt zur Stelle wäre.“

„Was hast du denn mit diesem Said angefangen?“ fragte der Kalif. „Sag an, wohin man schicken muss, damit er vor mir Bekenntnis ablege!“

„Ich habe ihn auf eine wüste Insel geschickt“, sprach der Polizeirichter. „O Said! Mein Sohn, mein Sohn!“ rief der unglückliche Vater und weinte.

„So hat er also das Verbrechen bekannt?“ fragte Harun.

Der Polizeirichter erbleichte. Er rollte seine Augen hin und her, und endlich sprach er: „Wenn ich mich noch recht erinnern kann – ja.“

„Du weißt es also nicht gewiss?“ fuhr der Kalif mit schrecklicher Stimme fort. „So wollen wir ihn selbst fragen. Tritt hervor, Said, und du, Kalum-Beck, zahlst vor allem tausend Goldstücke, weil er jetzt hier zur Stelle ist!“

Kalum und der Polizeirichter glaubten ein Gespenst zu sehen. Sie stürzten nieder und riefen:

„Gnade! Gnade!“ Benazar, vor Freude halb ohnmächtig, eilte in die Arme seines verlorenen Sohnes. Aber mit eiserner Strenge fragte jetzt der Kalif: „Polizeirichter, hier steht Said, hat er eingestanden?“ „Nein, nein!“ heulte der Polizeirichter. „Ich habe nur Kalums Zeugnis gehört, weil er ein angesehener Mann ist.“

„Habe ich dich darum als Richter über alle bestellt, dass du nur die Vornehmen hörest?“ rief Harun Al-Raschid mit edlem Zorn. „Auf zehn Jahre verbanne ich dich auf eine wüste Insel mitten im Meer, da kannst du über Gerechtigkeit nachdenken, und du, elender Mensch, der du Sterbende erweckst, nicht um sie zu retten, sondern um sie zu deinen

Sklaven zu machen, du zahlst, wie schon gesagt, tausend Tomans, weil du sie versprochen, wenn Said käme, um für dich zu zeugen."

Kalum freute sich, so wohlfeil aus dem bösen Handel zu kommen, und wollte eben dem gütigen Kalifen danken. Doch dieser fuhr fort: „Für den falschen Eid wegen der hundert Goldstücke bekommst du hundert Hiebe auf die Fußsohlen. Ferner hat Said zu wählen, ob er dein ganzes Gewölbe und dich als Lastträger nehmen will oder ob er mit zehn Goldstücken für jeden Tag, welchen er dir diente, zufrieden ist."

„Lasset den Elenden laufen, Kalif!" rief der Jüngling. „Ich will nichts, das ihm gehörte."

„Nein", antwortete Harun, „ich will, dass du entschädigt werdest. Ich wähle statt deiner zehn Goldstücke für den Tag, und du magst berechnen, wie viel Tage du in seinen Klauen warst. Jetzt fort mit diesen Elenden!"

Sie wurden abgeführt, und der Kalif führte Benazar und Said in einen andern Saal. Dort erzählte er ihm selbst seine wunderbare Rettung durch Said und wurde nur zuweilen durch das Geheul Kalum-Becks unterbrochen, dem man soeben im Hof seine hundert vollwichtigen Goldstücke auf die Fußsohlen zählte.

Der Kalif lud Benazar ein, mit Said bei ihm in Bagdad zu leben. Er sagte es zu und reiste nur noch einmal nach Hause, um sein großes Vermögen abzuholen. Said aber lebte in dem Palast, den ihm der dankbare Kalif erbaut hatte, wie ein Fürst. Der Bruder des Kalifen und der Sohn des Großwesirs waren seine Gesellschafter, und es war in Bagdad zum Sprichwort geworden: Ich möchte so gut und so glücklich sein wie Said, der Sohn Benazars.

Die Geschichte von dem Gespensterschiff

Mein Vater hatte einen kleinen Laden in Balsora. Er war weder arm noch reich und einer von jenen Leuten, die nicht gerne etwas wagen, aus Furcht, das Wenige zu verlieren, das sie haben. Er erzog mich schlicht und recht und brachte es bald so weit, dass ich ihm an die Hand gehen konnte. Gerade als ich achtzehn Jahre alt war, als er die erste größere Spekulation machte, starb er, wahrscheinlich aus Gram, tausend Goldstücke dem Meere anvertraut zu haben. Ich musste ihn bald nachher wegen seines Todes glücklich preisen, denn wenige Wochen hernach lief die Nachricht ein, dass das Schiff, dem mein Vater seine Güter mitgegeben hatte, versunken sei. Meinen jugendlichen Mut konnte aber dieser Unfall nicht beugen. Ich machte alles vollends zu Geld, was mein Vater hinterlassen hatte, und zog aus, um in der Fremde mein Glück zu probieren, nur von einem alten Diener meines Vaters begleitet, der sich aus alter Anhänglichkeit nicht von mir und meinem Schicksal trennen wollte.

Im Hafen von Balsora schifften wir uns mit günstigem Winde ein. Das Schiff, auf dem ich mich eingemietet hatte, war nach Indien bestimmt. Wir waren schon fünfzehn Tage auf der gewöhnlichen Straße gefahren,

als uns der Kapitän einen Sturm verkündete. Er machte ein bedenkliches Gesicht, denn es schien, er kenne in dieser Gegend das Fahrwasser nicht genug, um einem Sturm mit Ruhe begegnen zu können. Er ließ alle Segel einziehen, und wir trieben ganz langsam hin. Die Nacht war angebrochen, war hell und kalt, und der Kapitän glaubte schon, sich in den Anzeichen des Sturmes getäuscht zu haben. Auf einmal schwebte ein Schiff, das wir vorher nicht gesehen hatten, dicht an dem unsrigen vorbei. Wildes Jauchzen und Geschrei erscholl von dem Verdeck herüber, worüber ich mich zu dieser angstvollen Stunde vor einem Sturm nicht wenig wunderte. Aber der Kapitän an meiner Seite wurde blass wie der Tod. „Mein Schiff ist verloren", rief er, „dort segelt der Tod!" Ehe ich ihn noch über diesen sonderbaren Ausruf befragen konnte, stürzten schon heulend und schreiend die Matrosen herein. „Habt ihr ihn gesehn?" schrien sie. „Jetzt ist's mit uns vorbei!"

Der Kapitän aber ließ Trostsprüche aus dem Koran vorlesen und setzte sich selbst ans Steuerruder. Aber vergebens! Zusehends brauste der Sturm auf, und ehe eine Stunde verging, krachte das Schiff und blieb sitzen. Die Boote wurden ausgesetzt, und kaum hatten sich die letzten Matrosen gerettet, so versank das Schiff vor unsern Augen, und als ein Bettler fuhr ich in die See hinaus. Aber der Jammer hatte noch kein Ende. Fürchterlicher tobte der Sturm; das Boot war nicht mehr zu regieren. Ich hatte meinen alten Diener fest umschlungen, und wir versprachen uns, nie voneinander zu weichen. Endlich brach der Tag an. Aber mit dem ersten Anblick der Morgenröte fasste der Wind das Boot, in welchem wir saßen, und stürzte es um. Ich habe keinen meiner Schiffsleute mehr gesehen. Der Sturz hatte mich betäubt, und als ich aufwachte, befand ich mich in den Armen meines alten treuen Dieners, der sich auf das umgeschlagene Boot gerettet und mich nachgezogen hatte. Der Sturm hatte sich gelegt. Von unserem Schiff war nichts mehr zu sehen. Wohl aber entdeckten wir nicht weit von uns ein

anderes Schiff, auf das die Wellen uns hintrieben. Als wir näher hinkamen, erkannte ich das Schiff als dasselbe, das in der Nacht an uns vorbeifuhr und welches den Kapitän so sehr in Schrecken versetzt hatte. Ich empfand ein sonderbares Grauen vor diesem Schiffe. Die Äußerung des Kapitäns, die sich so furchtbar bestätigt hatte, das öde Aussehen des Schiffes, auf dem sich, so nahe wir auch herankamen, so laut wir schrien, niemand zeigte, erschreckte mich. Doch es war unser einziges Rettungsmittel. Darum priesen wir den Propheten, der uns so wundervoll erhalten hatte.

Am Vorderteil des Schiffes hing ein langes Tau herab. Mit Händen und Füßen ruderten wir darauf zu, um es zu erfassen. Endlich glückte es. Noch einmal erhob ich meine Stimme, aber immer blieb es still auf dem Schiffe. Da klimmten wir an dem Tau hinauf, ich als der Jüngste voran. Aber Entsetzen! Welches Schauspiel stellte sich meinem Auge dar, als ich das Verdeck betrat! Der Boden war mit Blut gerötet, zwanzig bis dreißig Leichname in türkischen Kleidern lagen auf dem Boden, am mittleren Mastbaum stand ein Mann, reich gekleidet, den Säbel in der Hand, aber das Gesicht war blass und verzerrt, durch die Stirn ging ein großer Nagel, der ihn an den Mastbaum heftete. Auch er war tot. Schrecken fesselte meine Schritte, ich wagte kaum zu atmen. Endlich war auch mein Begleiter heraufgekommen. Auch ihn überraschte der Anblick des Verdeckes, das gar nichts Lebendiges, sondern nur so viele schreckliche Tote zeigte.

Wir wagten es endlich, nachdem wir in der Seelenangst zum Propheten gefleht hatten, weiter vorzuschreiten. Bei jedem Schritte sahen wir uns um, ob nicht etwas Neues, noch Schrecklicheres sich darbiete. Aber alles blieb, wie es war, weit und breit nichts Lebendiges als wir und das Weltmeer. Nicht einmal laut zu sprechen wagten wir, aus Furcht, der tote, am Mast angespießte Kapitano möchte seine starren Augen nach uns hindrehen oder einer der Getöteten möchte seinen Kopf

umwenden. Endlich waren wir bis an eine Treppe gekommen, die in den Schiffsraum führte. Unwillkürlich machten wir dort halt und sahen einander an, denn keiner wagte es recht, seine Gedanken zu äußern.

„O Herr“, sprach mein treuer Diener, „hier ist etwas Schreckliches geschehen. Doch wenn auch das Schiff da unten voll Mörder steckt, so will ich mich ihnen doch lieber auf Gnade und Ungnade ergeben, als längere Zeit unter diesen Toten zubringen.“ Ich dachte wie er. Wir fassten ein Herz und stiegen voll Erwartung hinunter. Totenstille war aber auch hier, und nur unsere Schritte hallten auf der Treppe. Wir standen an der Türe der Kajüte. Ich legte mein Ohr an die Türe und lauschte, es war nichts zu hören. Ich machte auf. Das Gemach bot einen unordentlichen Anblick dar. Kleider, Waffen und andere Geräte lagen untereinander. Nichts in Ordnung. Die Mannschaft oder wenigstens der Kapitano musste vor kurzem gezecht haben, denn es lag alles noch umher. Wir gingen weiter von Raum zu Raum, von Gemach zu Gemach. Überall fanden wir herrliche Vorräte in Seide, Perlen, Zucker usw. Ich war vor Freude über diesen Anblick außer mir, denn da niemand auf dem Schiff war, glaubte ich, alles mir zueignen zu dürfen. Ibrahim aber machte mich darauf aufmerksam, dass wir wahrscheinlich noch sehr weit vom Lande seien, wohin wir allein und ohne menschliche Hilfe nicht kommen könnten.

Wir labten uns an den Speisen und Getränken, die wir in reichlichem Maß vorfanden, und stiegen endlich wieder aufs Verdeck. Aber hier schauderte uns immer die Haut ob dem schrecklichen Anblick der Leichen. Wir beschlossen, uns davon zu befreien und sie über Bord zu werfen, aber wie schauerlich ward uns zumut, als wir fanden, dass sich keiner aus seiner Lage bewegen ließ. Wie festgebannt lagen sie am Boden, und man hätte den Boden des Verdecks ausheben müssen, um sie zu entfernen, und dazu gebrach es uns an Werkzeugen. Auch der Kapitano ließ sich nicht von seinem Mast losmachen, nicht einmal

seinen Säbel konnten wir der starren Hand entwinden. Wir brachten den Tag in trauriger Betrachtung unserer Lage zu, und als es Nacht zu werden anfing, erlaubte ich dem alten Ibrahim, sich schlafen zu legen. Ich selbst aber wollte auf dem Verdeck wachen, um nach Rettung auszuspähen.

Als aber der Mond heraufkam und ich nach den Gestirnen berechnete, dass es wohl um die elfte Stunde sei, überfiel mich ein so unwiderstehlicher Schlaf, dass ich unwillkürlich hinter ein Fass, das auf dem Verdeck stand, zurückfiel. Doch war es mehr Betäubung als Schlaf, denn ich hörte deutlich die See an der Seite des Schiffes anschlagen und die Segel im Winde knarren und pfeifen. Auf einmal glaubte ich Stimmen und Männertritte auf dem Verdeck zu hören. Ich wollte mich aufrichten, um danach zu schauen. Aber eine unsichtbare Gewalt hielt meine Glieder gefesselt; nicht einmal die Augen konnte ich aufschlagen. Aber immer deutlicher wurden die Stimmen. Es war mir, als wenn ein fröhliches Schiffsvolk auf dem Verdeck sich umhertriebe. Mitunter glaubte ich, die kräftige Stimme eines Befehlenden zu hören, auch hörte ich Taue und Segel deutlich auf- und abziehen. Nach und nach aber schwanden mir die Sinne, ich verfiel in einen tieferen Schlaf, in dem ich nur noch ein Geräusch von Waffen zu hören glaubte, und erwachte erst, als die Sonne schon hoch stand und mir aufs Gesicht brannte. Verwundert schaute ich mich um. Sturm, Schiff, die Toten und was ich in dieser Nacht gehört hatte, kam mir wie ein Traum vor, aber als ich aufblickte, fand ich alles wie gestern. Unbeweglich lagen die Toten, unbeweglich war der Kapitano an den Mastbaum geheftet.

Ich lachte über meinen Traum und stand auf, um meinen Alten zu suchen. Dieser saß ganz nachdenklich in der Kajüte. „O Herr!“ rief er aus, als ich zu ihm hereintrat, „ich wollte lieber im tiefsten Grund des Meeres liegen, als in diesem verhexten Schiff noch eine Nacht zubringen.“

Ich fragte ihn nach der Ursache seines Kummers, und er antwortete mir: „Als ich einige Stunden geschlafen hatte, wachte ich auf und vernahm, wie man über meinem Haupte hin und her lief. Ich dachte zuerst, Ihr wäret es, aber es waren wenigstens zwanzig, die oben umherliefen, auch hörte ich rufen und schreien. Endlich kamen schwere Tritte die Treppe herab. Da wusste ich nichts mehr von mir, nur hie und da kehrte auf einige Augenblicke meine Besinnung zurück, und da sah ich dann denselben Mann, der oben am Mast angenagelt ist, an jenem Tisch dort sitzen, singend und trinkend, aber der, der in einem roten Scharlachkleid nicht weit von ihm am Boden liegt, saß neben ihm und half ihm trinken.“ So erzählte mir mein alter Diener.

Ihr könnt es mir glauben, meine Freunde, dass mir gar nicht wohl zumut war, denn es war keine Täuschung, ich hatte ja auch die Toten gar wohl gehört. In solcher Gesellschaft zu schiffen, war mir greulich. Mein Ibrahim aber versank wieder in tiefes Nachdenken. „Jetzt hab ich‘s!“ rief er endlich aus. Es fiel ihm nämlich ein Sprüchlein ein, das ihn sein Großvater, ein erfahrener, weitgereister Mann, gelehrt hatte und das gegen jeden Geister- und Zauberspuk helfen sollte. Auch behauptete er, jenen unnatürlichen Schlaf, der uns befiel, in der nächsten Nacht verhindern zu können, wenn wir nämlich recht eifrig Sprüche aus dem Koran beteten.

Der Vorschlag des alten Mannes gefiel mir wohl. In banger Erwartung sahen wir die Nacht herankommen. Neben der Kajüte war ein kleines Kämmerchen, dorthin beschlossen wir uns zurückzuziehen.

Wir bohrten mehrere Löcher in die Türe, hinlänglich groß, um durch sie die ganze Kajüte zu überschauen. Dann verschlossen wir die Türe, so gut es ging, von innen, und Ibrahim schrieb den Namen des Propheten in alle vier Ecken. So erwarteten wir die Schrecken der Nacht.

Es mochte wieder ungefähr elf Uhr sein, als es mich gewaltig zu schläfern anfing. Mein Gefährte riet mir daher, einige Sprüche des

Korans zu beten, was mir auch half. Mit einem Male schien es oben lebhaft zu werden. Die Taue knarrten, Schritte gingen über das Verdeck, und mehrere Stimmen waren deutlich zu unterscheiden. Mehrere Minuten hatten wir so in gespannter Erwartung gesessen, da hörten wir etwas die Treppe der Kajüte herabkommen. Als dies der Alte hörte, fing er an, den Spruch, den ihn sein Großvater gegen Spuk und Zauberei gelehrt hatte, herzusagen:

„Kommt ihr herab aus der Luft,
steigt ihr aus tiefem Meer,
schlieft ihr in dunkler Gruft,
stammt ihr vom Feuer her,
Allah ist euer Herr und Meister,
ihm sind gehorsam alle Geister."

Ich muss gestehen, ich glaubte gar nicht recht an diesen Spruch, und mir stieg das Haar zu Berg, als die Türe aufflog. Herein trat jener große, stattliche Mann, den ich am Mastbaum angenagelt gesehen hatte. Der Nagel ging ihm auch jetzt mitten durchs Hirn, das Schwert aber hatte er in die Scheide gesteckt. Hinter ihm trat noch ein anderer ein, weniger kostbar gekleidet, auch ihn hatte ich oben liegen sehen. Der Kapitano, denn dies war er unverkennbar, hatte ein bleiches Gesicht, einen großen, schwarzen Bart, wildrollende Augen, mit denen er sich im ganzen Gemach umsah. Ich konnte ihn ganz deutlich sehen, als er an unserer Türe vorüberging. Er aber schien gar nicht auf die Türe zu achten, die uns verbarg. Beide setzten sich an den Tisch, der in der Mitte der Kajüte stand, und sprachen laut und fast schreiend miteinander in einer unbekannten Sprache. Sie wurden immer lauter und eifriger, bis endlich der Kapitano mit geballter Faust auf den Tisch hineinschlug, dass das Zimmer dröhnte.

Mit wildem Gelächter sprang der andere auf und winkte dem Kapitano, ihm zu folgen. Dieser stand auf, riss seinen Säbel aus der Scheide, und beide verließen das Gemach. Wir atmeten freier, als sie weg waren, aber unsere Angst hatte noch lange kein Ende.

Immer lauter und lauter ward es auf dem Verdeck. Man hörte eilends hin und her laufen und schreien, lachen und heulen. Endlich ging ein wahrhaft höllischer Lärm los, so dass wir glaubten, das Verdeck mit allen Segeln komme zu uns herab, Waffengeklirr und Geschrei – auf einmal aber tiefe Stille. Als wir es nach vielen Stunden wagten hinaufzugehen, trafen wir alles wie sonst. Nicht einer lag anders als früher. Alle waren steif wie Holz. So waren wir mehrere Tage auf dem Schiffe. Es ging immer nach Osten, wo nach meiner Berechnung, Land liegen musste. Aber wenn es auch bei Tag viele Meilen zurückgelegt hatte, bei Nacht schien es immer wieder zurückzukehren, denn wir befanden uns immer wieder am nämlichen Fleck, wenn die Sonne aufging. Wir konnten uns dies nicht anders erklären, als dass die Toten jede Nacht mit vollem Winde zurücksegelten. Um nun dies zu verhüten, zogen wir, ehe es Nacht wurde, alle Segel ein und wandten dasselbe Mittel an wie bei der Türe in der Kajüte. Wir schrieben den Namen des Propheten auf Pergament und auch das Sprüchlein des Großvaters dazu und banden es um die eingezogenen Segel.

Ängstlich warteten wir in unserem Kämmerchen den Erfolg ab. Der Spuk schien diesmal noch ärger zu toben; aber siehe, am andern Morgen waren die Segel noch aufgerollt, wie wir sie verlassen hatten. Wir spannten den Tag über nur so viele Segel auf, als nötig waren, das Schiff sanft fortzutreiben, und so legten wir in fünf Tagen eine gute Strecke zurück.

Endlich, am Morgen des sechsten Tages, entdeckten wir in geringer Ferne Land, und wir dankten Allah und seinem Propheten für unsere wunderbare Rettung. Diesen Tag und die folgende Nacht trieben wir an einer Küste hin, und am siebenten Morgen glaubten wir in geringer Entfernung eine Stadt zu entdecken. Wir ließen mit vieler Mühe einen

Anker in die See, der alsbald Grund fasste, setzten ein kleines Boot aus, das auf dem Verdeck stand, und ruderten mit aller Macht der Stadt zu. Nach einer halben Stunde liefen wir in einen Fluss ein, der sich in die See ergoss, und stiegen ans Ufer. Am Stadttor erkundigten wir uns, wie die Stadt heiße, und erfuhren, dass es eine indische Stadt sei, nicht weit von der Gegend, wohin ich zuerst zu schiffen willens war.

Wir begaben uns in eine Karawanserei und erfrischten uns von unserer abenteuerlichen Reise. Ich forschte daselbst auch nach einem weisen und verständigen Manne, indem ich dem Wirt zu verstehen gab, dass ich einen solchen haben möchte, der sich ein wenig auf Zauberei verstehe.

Er führte mich in eine abgelegene Straße, an ein unscheinbares Haus, pochte an, und man ließ mich eintreten mit der Weisung, ich solle nur nach Muley fragen.

In dem Hause kam mir ein altes Männlein mit grauem Bart und langer Nase entgegen und fragte nach meinem Begehr. Ich sagte ihm, ich suche den weisen Muley, und er antwortete, er sei es selbst. Ich fragte ihn nun um Rat, was ich mit den Toten machen solle und wie ich es angreifen müsse, um sie aus dem Schiff zu bringen.

Er antwortete mir, die Leute des Schiffes seien wahrscheinlich wegen irgendeines Frevels auf das Meer verzaubert. Er glaube, der Zauber werde sich lösen, wenn man sie ans Land bringe. Dies könne aber nicht geschehen, als wenn man die Bretter, auf denen sie lägen, losmache. Mir gehöre von Gott und Rechts wegen das Schiff samt allen Gütern, weil ich es gleichsam gefunden habe. Doch solle ich alles sehr geheimhalten und ihm ein kleines Geschenk von meinem Überfluss machen. Er wolle dafür mit seinen Sklaven mir behilflich sein, die Toten wegzuschaffen. Ich versprach, ihn reichlich zu belohnen, und wir machten uns mit fünf Sklaven, die mit Sägen und Beilen versehen waren, auf den Weg.

Unterwegs konnte der Zauberer Muley unseren glücklichen Einfall, die Segel mit den Sprüchen des Korans zu umwinden, nicht genug loben. Er sagte, es sei dies das einzige Mittel gewesen, uns zu retten.

Es war noch ziemlich früh am Tage, als wir beim Schiff ankamen. Wir machten uns alle sogleich ans Werk, und in einer Stunde lagen schon vier in dem Boot. Einige der Sklaven mussten sie ans Land rudern, um sie dort zu verscharren. Sie erzählten, als sie zurückkamen, die Toten haben ihnen die Mühe des Begrabens erspart, indem sie, sowie man sie auf die Erde gelegt habe, in Staub zerfallen seien. Wir fuhren fort, die Toten abzusägen, und bis vor Abend waren alle ans Land gebracht. Es war endlich keiner mehr an Bord als der, welcher am Mast angenagelt war.

Umsonst suchten wir den Nagel aus dem Holze zu ziehen, keine Gewalt vermochte ihn auch nur ein Haarbreit zu verrücken. Ich wusste nicht, was anzufangen war, man konnte doch nicht den Mastbaum abhauen, um ihn ans Land zu führen. Doch aus dieser Verlegenheit half Muley. Er ließ schnell einen Sklaven ans Land rudern, um einen Topf mit Erde zu bringen. Als dieser herbeigeholt war, sprach der Zauberer geheimnisvolle Worte darüber aus und schüttete die Erde auf das Haupt des Toten.

Sogleich schlug dieser die Augen auf, holte tief Atem, und die Wunde des Nagels in seiner Stirne fing an zu bluten. Wir zogen den Nagel jetzt leicht heraus, und der Verwundete fiel einem der Sklaven in die Arme.

„Wer hat mich hierher geführt?“ sprach er, nachdem er sich ein wenig erholt zu haben schien. Muley zeigte auf mich, und ich trat zu ihm. „Dank dir, unbekannter Fremdling, du hast mich von langen Qualen errettet. Seit fünfzig Jahren schifft mein Leib durch diese Wogen, und mein Geist war verdammt, jede Nacht in ihn zurückzukehren. Aber jetzt hat mein Haupt die Erde berührt, und ich kann versöhnt zu meinen Vätern gehen.“ Ich bat ihn, uns doch zu sagen, wie er zu diesem schrecklichen Zustand gekommen sei, und er sprach: „Vor fünfzig Jahren war ich ein mächtiger, angesehener Mann und wohnte in Algier. Die Sucht nach Gewinn trieb mich, ein Schiff auszurüsten und Seeraub zu treiben.

Ich hatte dieses Geschäft schon einige Zeit fortgeführt, da nahm ich einmal auf Zante einen Derwisch an Bord, der umsonst reisen wollte. Ich und meine Gesellen waren rohe Leute und achteten nicht auf die Heiligkeit des Mannes, vielmehr trieb ich mein Gespött mit ihm.

Als er aber einst in heiligem Eifer mir meinen sündigen Lebenswandel verwiesen hatte, übermannte mich nachts in meiner Kajüte, als ich mit meinem Steuermann viel getrunken hatte, der Zorn. Wütend über das, was mir ein Derwisch gesagt hatte und was ich mir von keinem Sultan hätte sagen lassen, stürzte ich aufs Verdeck und stieß ihm meinen Dolch in die Brust. Sterbend verwünschte er mich und meine Mannschaft, nicht sterben und nicht leben zu können, bis wir unser Haupt auf die Erde legen. Der Derwisch starb, und wir warfen ihn in die See und verlachten seine Drohungen.

Aber noch in derselben Nacht erfüllten sich seine Worte. Ein Teil meiner Mannschaft empörte sich gegen mich. Mit fürchterlicher Wut wurde gestritten, bis meine Anhänger unterlagen und ich an den Mast genagelt wurde. Aber auch die Empörer erlagen ihren Wunden, und bald war mein Schiff nur ein großes Grab. Auch mir brachen die Augen, mein Atem hielt an, und ich meinte zu sterben. Aber es war nur eine Erstarrung, die mich gefesselt hielt. In der nächsten Nacht, zur nämlichen Stunde, da wir den Derwisch in die See geworfen, erwachten ich und alle meine Genossen.

Das Leben war zurückgekehrt, aber wir konnten nichts tun und sprechen, als was wir in jener Nacht gesprochen und getan hatten. So segeln wir seit fünfzig Jahren, können nicht leben und nicht sterben, denn wie konnten wir das Land erreichen? Mit toller Freude segelten wir allemal mit vollen Segeln in den Sturm, weil wir hofften, endlich an

einer Klippe zu zerschellen und das müde Haupt auf dem Grund des Meeres zur Ruhe zu legen. Es ist uns nicht gelungen. Jetzt aber werde ich sterben. Noch einmal meinen Dank, unbekannter Retter! Wenn Schätze dich lohnen können, so nimm mein Schiff als Zeichen meiner Dankbarkeit!“

Der Kapitano ließ sein Haupt sinken, als er so gesprochen hatte, und verschied. Sogleich zerfiel er auch, wie seine Gefährten in Staub. Wir sammelten diesen in ein Kästchen und begruben ihn am Lande. Aus der Stadt nahm ich aber Arbeiter, die mir mein Schiff in guten Zustand setzten.

Nachdem ich die Waren, die ich an Bord hatte, gegen andere mit großem Gewinn eingetauscht hatte, mietete ich Matrosen, beschenkte meinen Freund Muley reichlich und schiffte mich nach meinem Vaterlande ein. Ich machte aber einen Umweg, indem ich an vielen Inseln und Ländern landete und meine Waren zu Markt brachte. Der Prophet segnete mein Unternehmen. Nach dreiviertel Jahren lief ich, noch einmal so reich, als mich der sterbende Kapitän gemacht hatte, in Balsora ein.

Meine Mitbürger waren erstaunt über meine Reichtümer und mein Glück und glaubten nicht anders, als hätte ich das Diamantental des berühmten Reisenden Sindbad gefunden. Ich ließ sie bei ihrem Glauben.

Von nun an aber mussten die jungen Leute von Balsora, wenn sie kaum achtzehn Jahre alt waren, in die Welt hinaus, um gleich mir ihr Glück zu machen. Ich aber lebte ruhig und in Frieden, und alle fünf Jahre mache ich eine Reise nach Mekka, um dem Herrn an heiliger Stätte für seinen Segen zu danken und für den Kapitano und seine Leute zu bitten, dass er sie in sein Paradies aufnehme.